基于语料库的译者文体研究

——汉学家马瑞志与翻译家杨宪益、戴乃迭译文比较

于 红 著

中国出版集团
中译出版社

图书在版编目(CIP)数据

基于语料库的译者文体研究：汉学家马瑞志与翻译家杨宪益、戴乃迭译文比较：汉、英/于红著．—北京：中译出版社，2021.5
ISBN 978-7-5001-6655-9

Ⅰ.①基…　Ⅱ.①于…　Ⅲ.①语料库-翻译学-文体-研究-汉、英　Ⅳ.①H059②H052

中国版本图书馆CIP数据核字（2021）第083194号

出版发行／中译出版社
地　　址／北京市西城区车公庄大街甲4号物华大厦6层
电　　话／(010)68359827，68359376(发行部)；53601537(编辑部)
邮　　编／100044
传　　真／（010）68357870
电子邮箱／book@ctph.com.cn
网　　址／http://www.ctph.com.cn

责任编辑／钱屹芝　吴　迪
封面设计／潘　峰

排　　版／北京竹页文化传媒有限公司
印　　刷／北京玺诚印务有限公司
经　　销／新华书店

规　　格／710毫米×1000毫米　1/16
印　　张／14
字　　数／220千字
版　　次／2021年5月第一版
印　　次／2021年5月第一次

ISBN 978-7-5001-6655-9　定价：59.00元

前　言

译者是翻译活动的主体。译者研究是翻译研究中的重要内容之一。长期以来，翻译被认为是一种模仿性的活动，因而译者只能是“戴着镣铐跳舞”的舞者，否则就是“不忠实的美人”，对译者的文体（style）研究并未受到应有的重视。然而随着描写翻译学的兴起，译者的文体研究被提升到了译学研究的日程。在语料库翻译学研究视域中，研究者可借助计算机和网络技术搜集语料，应用语料库检索和统计工具，从大量的数据中，对译者的翻译作品进行全息式的语言特征描写；也可以从微观视角，探寻译作语言的特殊之处，考察译者在传承原作语言风格的同时如何实现自我“显身”。译者文体成因的讨论可在语言学、翻译学、文学、文化等理论的指导下，通过分析译者的翻译目的、学术背景、翻译思想、原作的语言特征、译作目标读者的期待视野，以及翻译活动的赞助人或出版社等因素在翻译活动中所发挥的作用，阐释译者如何在译作中留下自己独特的“指纹”。

本书通过比较美国汉学家马瑞志（Richard B. Mather）的《世说新语》译本和我国翻译家杨宪益、戴乃迭的《汉魏六朝小说选》译本，旨在分析译者的文体特征，讨论译者文体的形成原因，探索典籍译者在译作语言风格特征形成中所发挥的重要作用。研究在理论上以描写翻译学为基础，借鉴了语料库语言学、文体学和叙事学的观点；采用定量和定性研究相结合的方法，将基于语料库的基本统计分析方法与译文语言形式特征分析相结合，将语料库辅助的频次计算与具体案例比较相结合，力求综合全面地对译者的文体进行描写和解释。

研究首先对基本术语“译者风格”“译者指纹”和“译者文体”的内涵进行了比较，确定以“译者文体”为研究的核心术语，之后从三个角度分析了译者文体的特征，分别是：译作取向、原文导向和副文本比较。译作取向的语言特征比较采用基于语料库的分析方法，对比了两个译作之间的基本统计分析数据。比较表明，与杨氏夫妇相比，马氏译文高频词比例较低、标准类符一形符比较高、词汇密度较高、平均词长较高、平均句长较高、词汇难度较大；原文导向的比较采用语料库辅助的分析方法，从文化专有项的翻译和直接引语句的翻译两个角度，比较了两个译文的差别，总结了译者的翻译策略。比较表明，马氏和杨氏夫妇都采用了直译的翻译策略。在文化专有项翻译中，马氏采取直译加补偿的手段将翻译中损失的信息用注释等方式弥补到译文中，杨氏夫妇未使用任何注释来补偿文化信息；在直接引语句的翻译中，马氏忠实地保留了原文的叙述方式，杨氏夫妇采用变通的方法，展现出原文作为小说的文体特征；副文本比较分结构和内容两个方面。比较发现，马氏副文本结构完备，内容丰富，具有介绍原作、解释译文和辅助专业读者深入研究的作用；相比而言，杨氏夫妇的副文本结构简单、内容较少，具有向普通读者简介原作背景、激发阅读兴趣的作用。

描写译者文体特征之后，研究从译者自身因素和外部客观因素两个方面对译者文体的成因进行解读：译者因素分析了译者的受教育经历、研究领域和译者的翻译观三个方面；外部因素分析了原作的文体特征、译文读者的期待视野和赞助人对译者文体的制约。

基于以上分析，研究认为两个译本的文体特征比较表明，马氏的翻译文体具有词汇生僻、句法复杂、结构严密、内容丰富的特征；译文紧贴原文内容和形式；副文本具有鲜明的学术著作特征，其目的语读者应为具有学术背景的中古史研究人员。杨氏夫妇的翻译文体表现为：词汇复杂程度低，词汇丰富、句法较简单，具有英美小说的叙述特征；译文向目的语读者靠拢，不拘泥于原文的形式或文化背景，以传达原文故事情节为基本目的；译文的目的语读者应为英语为母语的普通读者和中国的英语学习者。译者文体差异的成因分析表明，在原作文体的制约下，马氏的翻译文体受自身学术研究和目的语读者期待的影响较多，马氏潜心研究我国中古史，翻译的目的是考证史学文献，促进西方汉学的相关研究；杨氏夫妇的翻译文体受赞助人的制约较多，翻译旨在译介中国文化经典作品，促进中西文化交流。

在中国典籍外译的历史中，译者的作用功不可没。基于语料库的译者文体研究为观察和研究译者如何将中国典籍宝库中的思想文学作品从一个时空带入另一个时空提供了一个较为客观和有效的途径，为研究翻译现象，发掘翻译规律，总结翻译经验提供了新的素材和思路。

最后，本书由笔者的博士论文修改而成。尽管笔者努力将研究所得灌注于本书，但限于自身在学识和素养上的浅陋与不足，书中难免存在缺憾和失误之处，恳请阅读本书的专家和读者批评指正。

于红
2021 年 5 月于北京

目 录

1 绪论

翻译研究从语文学到语言学，再到文化研究，经历了重要的转向，也带来了研究范式的转变。研究的核心逐渐由两种语言间的转换研究向两种语言和文化间的交流研究转移。在这两次转向的变化中，译者也逐渐由“隐身”走向“现身”，由“透明”走向“操控”。

1.1 翻译研究的转向

翻译研究的第一次转向始于 20 世纪初。结构主义语言学的发展带来了翻译研究的语言学转向。语言学派翻译理论认为，一切意义都包含在结构之中，通过分析文本的结构，能够发现文本的意义，从而实现信息或意义的“对等”转换。

Roman Jakobson（1959/2000: 114）将翻译分为三种类型：语内翻译（intralingual translation）、语际翻译（interlingual translation）和符际翻译（intersemiotic translation）。语内翻译是指同一种语言中用一些语言符号解释另一些语言符号。语际翻译是指用一种语言的符号来解释另一种语言的符号。符际翻译是指通过非语言的符号系统解释语言符号。通常所说的“翻译”就是语际翻译。关于如何翻译，Vinay 和 Darbelnet（1958/1995）提出了七种翻译方法（borrowing, calque, literal translation, transposition, modulation, equivalence, adaptation)，用于解决词汇（lexicon）、结构（structure）和信息（message）三个层面的翻译问题以实现译文与原文的对等。Eugene A. Nida（1969/2004）认为对等可分为形式对等（formal equivalence）和动态对等（dynamic equivalence），前者即译文和原文在词汇、结构等方面有相同的形式，后者即译文对译文读者的功能和原文对原文读者的功能相同。同样将对等分为两个方面的还有 Peter Newmark（1988），他认为翻译有语意翻译（semantic translation）翻译和交际（communicative translation）两种类型：语意翻译面向原文，尽可能保留原文翻译的语言形式价值；交际翻译面向读者，尽量满足译文读者的需要。

语言学翻译研究着重语言分析，关注结构在语言转换中的重要作用，却忽视了翻译作为文化交际活动的特征，更加没有重视在翻译过程中受到多种因素制约的译者。Pym（2010/2014: 86）认为，语言学翻译研究方法之所以迅速衰落，原因就在于认识论的怀疑主义（epistemological skepticism）和原作的不稳定性观点。认识论的怀疑主义来自于“观察者效果”（observer effect），即观察受到观察者所处的角度的影响。一个文本不能完全决定（导致、解释或证明）文本接受者对它的理解程度。每个接受者都会将自己的概念框架（conceptual frames）置于文本的理解之中，因此，接受文本的过程就是文本和这些框架之间的互相影响过程。同理，在翻译过程中，文本不可能完全决定译者的理解，原因之一就是翻译是靠观察和解释才能进行的（同上：87）。

法国社会评论家及文学评论家 Roland Barthes（1971）认为，文体从来都不是原创的，因为“文体根本上是一个引用的过程，是各种配方的整体，是记忆，是一种文化的而非表达的传承”（同上：9），“任何类型的写作都是转换已有模式的方式，这些模式的原型不能被追溯，但是却构成了文学整体记忆的一部分”（同上：8）。Barthes 之后，Michel Foucault（1979）指出，作者不是先于作品出现的，作者也不是作品中意义的源头，作者只是一种功能性的原则，文化依据这一原则调节语篇的生产和流通。文学只关注它自身，倘若文学也关注作者，那么也只关注作者的死亡、沉默和消失，哪怕是正在写作的作者。这些观点彻底否认了意义的独立存在，从而否认了作者和作品的权威地位。

20世纪20年代，德国翻译理论家Walter Benjamin（1923）在《巴黎塑像》（*Tableaux Parisiens*）名为《译者的任务》（“The Task of the Translator”）的序言中，从根本上质疑了传统的翻译思想。Benjamin（1923/2012: 76）认为，译文和原文并非主仆关系，译作并非要复制原文或传递原文的意义，译作是原作的“来世”（afterlife），是原作生命的延续。法国哲学家Jacques Derrida在《巴别塔之旅》（“Des Tours de Babel”）一文中对“翻译”进行了解构。他指出，如果在被译文与正在译出的文本之间确实有一种“原作”与译作的关系，那既不是体现性的，也不是再生性的，这是因为“翻译既非影像也非复制”（Derrida, 1992: 218-227）。

美国逻辑学家、分析哲学家Willard Van Orman Quine（1960）在《语词和对象》（*Word and Object*）一书中提出了著名的“翻译不确定性”（Indeterminacy of Translation, 简称：IT命题）命题。IT命题认为“可以用不同的方式编纂一些把一种语言译成另一种语言的翻译手册，所有这些手册都与言语倾向性的总体相容，但是它们彼此之间却不相容”（同上：27）。也就是说，不同的译者可以编纂不同的翻译手册，这些翻译手册可以完全不同。但是，只要翻译手册与言语倾向保持整体一致，就可以被接受而没有对错之分（于红，张政，2015: 122）。

原作的不稳定性观点认为，译者的选择受到自身所处的社会历史文化地位的影响。例如在不断出现的名著重译现象中，每一次产生的翻译作品都是一个变形的过程，每一个文本都是原文的偏离（Hermans, 1999/2004: 127）。由于语言学派翻译理论不能完全用于解释复杂的翻译现象，其缺陷开始受到研究者的批评。

20世纪70年代末，西方翻译研究出现了“文化转向”（cultural turn）。与传统的规约式（prescriptive）、原作导向（source-oriented）的翻译研究不同，文化学派主张使用描写的（descriptive）、以译作为导向（target-oriented）的方法，关注译者所处的社会文化背景对译者的影响。

André Lefevere（1992/2004/2010）认为，翻译即是“改写”（rewriting），改写者受意识形态、诗学和赞助人的制约。Lefevere和Bassnett（1998/2001）更进一步提出，翻译是一种文化构建活动，译者在促进不同文化的交流和互动方面起到了重要的纽带作用。

Lawrence Venuti（1995/2004: 20-22）的研究对译者地位的确立起到了重要作用。他通过分析英美文学经典作品的翻译，指出译者隐身的主要原因是译者普遍采用“流畅”（fluency）的翻译策略。受这个翻译策略的引导，本国价值观在外国文学的面具下通过翻译被传递给本国民众，从而塑造了民族中心主义和帝国主义。Venuti 呼吁译者在目的语文化价值观上施加去种族中心化的压力，使用国外文本的语言，凸显文化差异，从而将读者送到国外。为实现这个政治议程，Venuti 主张采用“异化”（foreignising）翻译策略，例如只翻译那些被国内文学经典所排斥的国外文本，以及在翻译中使用边缘化的话语。

随着女性主义的发展，翻译研究的女性主义观点日益明确，女性译者在翻译中的地位也与日俱增。Chamberlain（1988/1992）的研究表明，与翻译有关的隐喻在历史上往往有两个平行的概念体系：（1）父亲、原创、生成、作者和男性（paternity, originality, production, authorship, masculinity）；（2）母亲、衍生、再创、翻译和女性（maternity, derivation, reproduction, translation, feminity）。因此，她认为，从“不忠的美人”（belles infidels）到 Steiner 的阐释学模式（hermeneutic model），对于翻译的观点在这些隐喻性的语言中已经反映出来。翻译和女性一样，受到了原作和男性的统治与制约。Luise von Flotow（1997/2004: 2）更进一步指出，受到女性主义思想和作品的影响，译者需重新审视在翻译活动中的“隐身”角色，对译者的主体性有新的认识。Flotow 认为，女性主义翻译者应该“更改”（correct）原作，使其符合女性主义的“真理”（truth）（同上：24）。

德国功能学派翻译理论给传统的翻译忠实观带来强大的冲击，将翻译从静态、封闭的语言转换变成了跨文化的交际活动，使翻译研究从原文中心论的束缚中摆脱出来。

Hans J. Vermeer（2000）的翻译“目的论”（Skopos theory）认为，翻译是有目的的行为，译者是翻译活动的“专家”（expert），需要对翻译任务的展开和翻译的最终产品负责；译作应该满足目的语读者的需要，而非原作的需要。目的论并不规定翻译的方法，而是告诉译者要寻找或建构特定的目的，因此在不同的情况下，译者没有固定的翻译法则，应该采用不同的翻译策略（同上：222）。Katharina Reiss（1971/2000/2004）在前人研究的基础上，指出原文文本的功能是评价译文质量优劣的主要标准，决定了译文文本的翻译方法。根据文本的功能，她将文本分为三种类型：表达型（expressive）、号召型（appellative/operative）和信息型（representational），译者应根据这三种类型采用相应的翻译方法。Christiane Nord（1988/1991）持有同样观点，她认为在翻译前应对文本进行描写，了解文本的功能之后才能准确地翻译。Mary Snell-Hornby（1988/1995/2001）提出翻译研究的综合法（integrated approach），其核心就是文本功能决定翻译策略。

1972 年，James Holmes 在哥本哈根“第三届国际应用语言学大会”上提交的论文《翻译研究的名与实》（“The Name and Nature of Translation Study”）中，将翻译研究分为纯翻译研究（Pure）与应用翻译研究（Applied）两大类。纯翻译研究包括翻译理论研究（Translation Theory）和描写翻译研究（Descriptive Translation Study）两个分支。理论研究的目的在于建立一般性原则，用以解释和预测翻译行为和作品等现象；描写翻译研究包含三个小分支，即“面向译本的描述翻译学”（对已有译作进行描述的翻译研究领域）；“面向功能的描述翻译学”（研究译本在异域的社会文化环境中所发挥的作用）与“面向过程的描述翻译学”（研究译者在翻译时的思维运作方式）（Holmes, 1988: 71）。Holmes 提出的翻译研究分类法为后来的翻译研究成为独立学科奠定了基础。

同一时期，由于以色列学者在翻译研究中相继崛起，特拉维夫大学逐渐成为翻译研究的重镇。与传统的对等研究不同，特拉维夫学派强调用描写的范式来研究翻译。Itamar Even-Zohar（1978/2012）认为，文学是一个系统，这个系统内部还有许多子系统，因此被称为“多元系统”（polysystems）。翻译文学是文学系统中的一个子系统，其位置比较灵活，可以在文学系统的中心，也可以在文学系统的边缘，更可能在中心和边缘之间。翻译是一个文学多元系统“干预”另一个文学多元系统的方式。多元系统理论将翻译研究置于目的语文化的历史系统中，带来了翻译理论的变革。Gideon Toury 将这一变革作为研究的出发点，继续发展多元系统理论。

Toury（1995/2012）认为描写翻译研究的目标是找出制约翻译选择的文化规律，即翻译规范（translation norms），他区分了两种类型的规范：

初始规范（preliminary norms）和操作规范（operational norms），前者指的是“译者对译本主要目的的选择，此目的支配着翻译过程中的所有决策”（Leuven-Zwart, 1989: 154），反映译者是尽量忠实地保留原文本中的各种参数，还是寻求最大限度地使目标文本适应目的语中流行的语言和文学规范（Toury, 1980）；操作规范有两类：一是影响文本“矩阵”的规范，二是涉及文本结构和文本形成的规范（Shuttleworth, 1997/2004），操作规范与翻译过程中的策略有关。Chesterman（1997）将规范分为两种类型：职业规范（professional norms）和预期规范（expectancy norms），前者包括与翻译过程相关的各个方面，后者是人们对翻译产品的期待。在这两套规范中，译者都进入了翻译研究的视野，译者的选择、观念和行为成为翻译产品特征的先入性制约条件之一。

描写翻译研究将译作和译者从从属的次等地位带入了主导的核心地位，“注重译者与目的语读者之间的关系，注重译文和目的语文化之间的关系，以及注重译者在翻译过程中的能动作用和译文的独立价值与功能。在方法论上，描写译学主张以经验方法来做研究，并使之成为一门经验学科”（方梦之，2011: 39）。

1.2 语料库翻译学发展

在描写翻译研究的范式下，伴随语料库语言学的发展，语料库翻译学在20世纪末逐渐兴起。Laviosa（2002: 5）指出：“语料库翻译研究的问世主要受两个研究领域的影响，一个是语料库语言学，另一个是描写性译学研究。”语料库翻译学是指以语料库为基础，以真实的双语语料或翻译语料为研究对象，以数据统计和理论分析为研究方法，依据语言学、文学和文化理论及翻译学理论，分析翻译本质、翻译过程和翻译现象的翻译学分支学科。语料库翻译学的诞生直接受益于语料库语言学和描写性译学研究（胡开宝，2012: 380）。语料库语言学和翻译研究的结合形成了“一种连贯的、全面而丰富的研究范式。该范式涉及翻译理论、描写和实践等方面的问题，业已成为当代描写性译学研究的新范式”

（Laviosa, 1998a: 474）。语料库研究方法的优势在于打破常规的思维定势，避免传统译学研究的主观判断，使翻译研究建立在大量翻译语言事实分析和定量统计的基础之上，因而更具可信性，研究结论的效度和信度相应地得到加强（胡开宝，2015: 16）。

语料库翻译学研究真正的萌芽始于 1993 年 Baker 发表的论文“Corpus Linguistics and Translation Studies: Implications and Applications”。Baker 在论文中阐述了语料库在译学研究中的理论价值和方法价值。1995 年，世界上第一个翻译英语语料库（Translation English Corpus）建成，开启了语料库翻译研究的真正序幕。基于该语料库，展开了翻译共性研究（Baker, 1995/1996; Laviosa, 1998a/1998b; Kenny, 2001; Olohan & Baker, 2000）、译者文体研究（Baker, 1999/2000; Olohan, 2004）、翻译规范研究（Kenny, 2001）等一系列研究。

Baker 提出，翻译学出现了语料库转向，即“翻译学理论研究重心需要转向，即从原文与译文的比较或 A 语言与 B 语言的比较转向译文与译文的比较”（1996: 175）。在这个思路下，1998 年，Laviosa（1998a: 1）正式将翻译研究中基于语料库的研究界定为翻译研究的“一种新范式”（a new paradigm）。同年，Maria Tymoczko（1998: 1）将翻译研究中基于语料库的研究正式命名为“语料库翻译研究”（Corpus-based Translation Studies）。

语料库翻译学研究的课题分理论课题和应用课题两种类型。理论课题包括翻译共性研究和翻译文体研究；应用层面的课题包括翻译应用研究与翻译教学研究（王克非，2012: 38-42）。

翻译共性（universal of translation）指的是“翻译作品有别于其他类型文本的特征”（Pym, 2010/2014: 75）。最早进行翻译共性研究的主要是 20 世纪 80 年代特拉维夫学派的学者。翻译共性分为几个不同的特征：词汇简化（lexical simplification）、显化（explicitation）、调整（adaptation）、平等化（equalizing）、独特项（unique items）等。

词汇简化，最初指的是“翻译过程中译文中的（不同）词汇比原文更少”（Blum-Kulka & Levenston, 1983）；后来词汇简化研究呈多元态势，其特征包括翻译文本的词汇使用范围比非翻译文本小、高频词比例高、语言更加平实、结构更加简单、更少歧义等（Toury, 1995/2012）。

显化指译文中的冗余（redundancy）特征，表现为译文显化了原文中的衔接手段（Blum-Kulka, 1986/2004），从而增加了原文隐含的形式或内容信息。Olohan和Baker（2000）的研究发现，译文中使用句法标记显化了原文的句法结构。

调整指译文有接受目的语语言和文化等倾向（Zellermayer, 1987）。平等化指的是同声传译中口语和书面语独特性降低的特征（Shlesinger, 1989: 2-3; Pym, 2007）。独特项指的是目的语中的某些语言因素如果在源语中没有对等项，则在翻译中出现的频率较低（Tirkkonen-Condit, 2004: 177-8）。

语料库语言学的发展推动了翻译共性研究的发展。Baker（1993）提出了基于语料库的翻译共性假设："译文显化程度高，消歧和简化，合乎语法性，避免重复，超额再现目标语语言特征"（吴昂、黄立波，2006: 296-297），翻译过程往往会导致某些语言特征表现出特定的分布类型。在此基础上，国内外学者展开了深入的研究（Baker, 1995, 1996; Laviosa, 1998a, 1998b; Kenny, 2001; Olohan & Baker, 2000; Mauranen & Kujamaki, 2004; 王克非，2004; 胡显耀，2007; 王克非、黄立波，2007 等）。

语料库翻译研究中的另一个重要的领域就是翻译文体研究。Baker（2000）首先提出了用语料库来研究译者的文体。她认为"译者文体"是译者"留在文本中的一系列语言和非语言的特征"（同上：245），是译者的个人语言使用习惯和受到外部因素影响后的选择的总和。译者文体研究分为类比和平行两种方法（黄立波，2009: 105-106; 王克非，2012: 129; 黄立波，2014b: 16）。前者是同一语言内部的比较，如译文和译文的比较、译文与目的语原创文本的比较（Baker, 2000; Kenny, 2001; Olohan, 2004; Saldanha, 2005, 2011）；后者是原文与译文的比较（Malmkjær, 2003; Marco, 2004; Munday, 2008）。类比的方法关注译者个人语言使用习惯和翻译共性特征，平行的方法关注译者在翻译过程中受到不同因素的干扰后所做的抉择以及背后的原因。在理论的基础上，类比和平行的方法也有不同。类比的方法基于法证文体学和描写翻译学的翻译共性观点；平行的方法在文体学和翻译学交叉的基础展开。可以说，语料库翻译学领域下的译者文体研究在理论基础和研究方法上博采众长，汲取翻译学、文体学、语料库语言学等多个学科的理论，以语料库为基础，根据研究对象的特征和研究的目的与需要，采用语内类比和语际对比的方法，从多个角度描写和分析译者的文体。

1.3 译者文体研究

随着翻译研究的转向，译者在翻译中的作用日益受到研究者的重视，成为翻译研究的核心问题之一。传统的译者研究往往与翻译史研究密不可分（马祖毅、任荣珍，1997；马祖毅，1998；Pym, 1998/2007；方华文，2005 等），语料库翻译学视角下的译者研究更加注重对译作的定量分析，通过描写译者的文体，甄别译者的身份，揭示影响译者翻译活动的因素。

1.3.1 研究问题

本研究是有关语料库翻译学领域中的译者文体研究，即通过对译作进行定量和定性分析，总结和归纳出译者在译作中留下的文体特点，并结合译者的自身因素和客观因素，综合解释译者文体的制约条件。研究的问题是：

（1）如何界定在语料库翻译学视域下的“译者文体”概念？

在研究中，译者文体、译者风格、译者声音、译者痕迹、译者指纹等概念交错出现，反映了不同学者在理论和方法上的不同。因此，本研究的首要问题是确定本研究的核心概念，奠定研究的理论基础。

（2）译者的文体有什么特征？

译者的文体体现在译作之中。译者在生产译文的过程中，其目的语创作文体必然会在原文文体的制约下，受其他因素的制约而相伴展现于译文之中。不同的译者在“转换”原文时，必然有各自的个性特征。貌似最“忠实于”原文的译文，也有译者自己的文体风格。以语料库为基础的译者文体分析可以为翻译学的译者研究拓展新的研究领域。

（3）译者文体的形成及制约因素是什么？

译者在翻译活动中并非只受到原作的制约，分析译者文体的形成及制约因素，有助于解释译者的文体差异，从而揭示翻译作为社会文化交流活动的根本属性。

1.3.2　研究意义

本研究选择了美国汉学界著名学者 Richard B. Mather（中文名：马瑞志，以下简称：马氏）的代表译著《世说新语》译本和我国翻译界著名译者杨宪益、戴乃迭夫妇（以下简称：杨氏夫妇）的《汉魏六朝小说选》译本进行比较，通过分析译作，对译者的文体进行描写和比较，指出制约译者主体性发挥的主要因素，揭示译者在翻译过程中的主体性地位。

本研究的理论意义在于明确了译者文体研究的核心概念，揭示了译者文体的构成要素和制约机制，拓展了译者文体分析的方法和框架，从而丰富了译者文体研究的成果，为解释翻译现象和预测翻译活动的结果提供有益的借鉴。

本著作拥有很强的实际意义。我国历史悠久，文化积淀深厚，历史典籍浩繁，很多典籍作品被翻译成英文，在世界汉学研究领域有独特的价值。典籍英译作为弘扬中华民族传统文化的重要途径，已经开始受到社会的关注。将典籍作品译为英语，对于促进中西方文化交流，彰显我国的文化独特性，都有十分重要的现实意义。

1.3.3　研究设计

在语料库翻译学研究中，翻译文体研究根据研究的方法和目的可分为两种类型：译作取向型和原作取向型：

（1）译作取向型以译作为核心，比较译作和译作、译作和目的语原创作品在语言形式上的异同；

（2）原作取向型以原作为参照，比较原作和译作、译作和译作在形式和内容上的转换情况。

本研究采用以上两种比较方法。译作取向型比较两个译本，分析译者独特的语言使用风格；原作取向型以两译本重合部分的《世说》原文为参照，比较译者的翻译策略。

Baker（2000）认为，译者的策略不仅包括翻译的策略，还包括使用副文本的策略。副文本与译文一同出现在译作中，是读者进入译文的门槛，体现了译者对译本预期读者的关照。因此，研究也将比较副文本之间的差别。

描写翻译学的研究认为译者和译文是翻译研究的核心，原文因素只是分析译文特征的参照。因此通过比较译文，可以发现译文作为独立文本之间的差异。

译作取向的研究其优势在于能够发现译文自身的语言特征，揭示译者独特的语言使用风格，从而验证译者在跨文化活动中的主体性地位和作用。译作取向的比较基于单语语料库，通过提取基本统计数据，分析译文的语言形式特征。原作取向的比较要选择有相同原文的不同译者的译文进行比较，观察在原作既定的情况下，译者采取了何种措施将原作的内容和形式从一种语言文化转移到另一种语言文化中。原文导向的研究以比较语言差异，分析译者的翻译策略为主要目的。“翻译策略是指翻译过程中的思路、途径、方式和程序”（方梦之，2013: 2）。翻译策略分析可以在原文和译文比较的基础上，分析原文文化信息的翻译和原文特殊文体结构的翻译。原文导向的比较以《世说》部分章节为原文，以马氏译文和杨氏夫妇译文的相应章节为比较对象，从文化专有项和直接引语的翻译两个方面进行比较分析。原作取向的比较采用定性分析和平行语料库辅助的方法，通过阅读语料，发现译文中的特殊转换现象，借助语料库检索的穷尽性和便捷性，查找全部翻译案例及其对应的译文。此外，还可以应用语料库工具的统计功能计算频数，比较不同译者翻译策略的总体倾向。

“副文本”是由法国文学理论家、文学批评家 Gérard Genette 于 1979 年在《广义文本之导论》（*Introduction à l'architexte*）中提出的，指“在正文本和读者之间起协调作用的、用于展示作品的一切言语和非言语的材料”（史忠义，2001）。副文本是译者（或编辑）在译文文本周围添加的文本信息或非文本信息。文本信息可以结合文本特征和研究目的，采用基于语料库的定量分析方法，描写译者在副文本中留下的语言使用习惯。非文本信息，如插图、装帧和印刷等，则需要用定性分析的方法。

副文本以马氏《世说新语》译本和杨氏夫妇《汉魏六朝小说》为比较对象，考察的内容包括副文本的比例、副文本的内容和副文本的结构。图1为本研究所使用的译者文体分析框架。

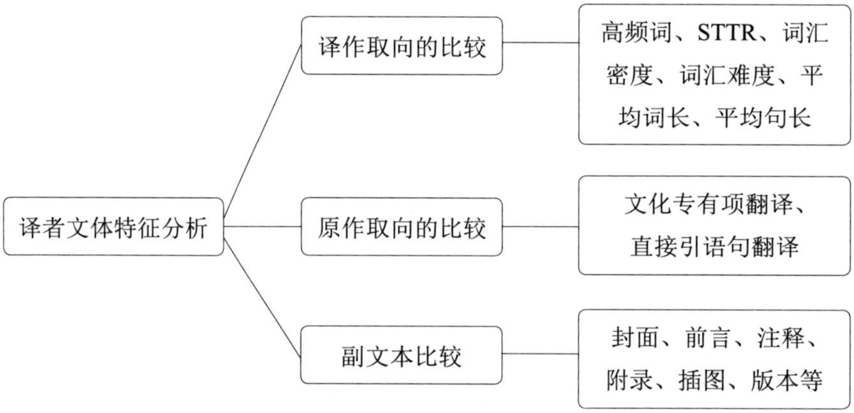

图1 译者文体特征分析框架

描写翻译学作为一门经验学科，遵循的是“观察－描写－解释”的研究方法。翻译过程、译作以及译作在目的语文化中的功能都是客观现象，客观地观察和描写这些现象的目的是建立解释和预测这些现象的原则和参数体系。关于如何“解释”，描写翻译学主张翻译研究要注重译者与目的语读者之间的关系，译文和目的语文化的关系，以及译者在翻译过程中的能动作用（方梦之，2011）。Baker（2000）提到，研究译者的文体是为了发现译者文体形成的动因（motivation）。译者文体成因分析有两种模式：单一模式和多元模式。单一模式认为译者文体源于译者的意识形态（Munday, 2008）。多元模式认为译者受到多种因素的影响，如译者所处的环境、译者对目标读者的期待以及文本自身的特征（Baker, 2000）；译者自身因素、目的语文化因素，以及源语和目的语语言文化之间的差异（胡开宝，2011）等（具体请参考第二章相关内容）。

本研究的译者文体成因解释框架将从译者的自身因素和外部客观因素两个层面展开。译者的自身因素包括译者的教育经历、译者的研究领域和译者的翻译观三个方面。外部客观因素主要讨论原作文体、目的语读者期待和赞助人制约三个方面。

在翻译活动中，原作者是创作主体、译者是翻译主体、读者是接受主体（陈大亮，2004: 7）。译者的个人因素构成了译者文体的内因，而来自外部的其他因素，如原作的特征、译文读者的期待视野、委托人和赞助人的需要都参与了译本的文体创造。因此，译者文体成因分析应以译者为核心，从译者个人因素和外部制约因素两个方面来比较分析。

译者首先作为读者来阅读和理解原文，然后作为阐释者来传达原文。译者的文化背景决定了是否能读懂原文，是否理解原文背后的文化含义。译者在翻译中时时刻刻都与原作对话，因此原作是否在源语文学系统中具有经典的地位，其文体特征有何特殊意义，是否有翻译的需要等因素，都会在翻译中左右译者的选择。翻译工作结束后，译者要将译作给目的语读者阅读，以判定译作的价值。因此，译者对目的语读者的预期会影响译者的选择。译者不能脱离社会环境而存在，因此译者的选择会受到外部因素的制约，最直接的就是译作的赞助人，如出版机构。图 2 为本研究所用译者文体成因分析框架。

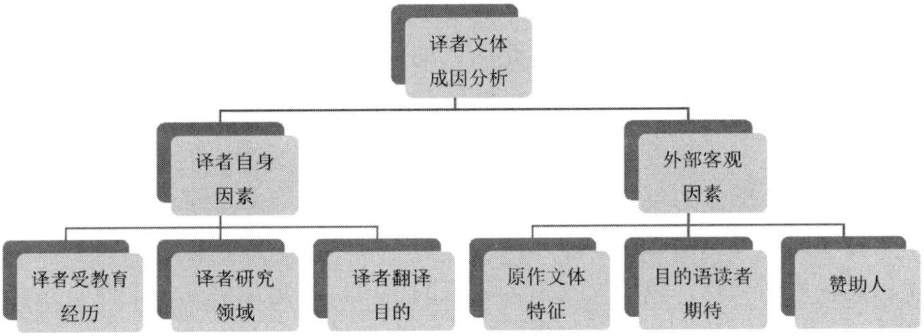

图 2　译者文体成因分析框架

1.3.4　研究方法

本书采用文献梳理、基于语料库的统计分析和语料库辅助的具体案例分析方法。

（1）文献梳理。通过文献梳理，厘清研究的基本概念，包括文体、风格、译者文体和译者风格；追溯文体研究在翻译理论研究中的发展脉络；总结译者文体研究的理论基础和研究方法，针对现有研究在参数设计上的不足之处，提出本研究的参数框架和译者文体解释的途径。

（2）基于语料库的统计分析。基于语料库的方法是为了验证某一假设而在某语料库中寻找定量的数据的方法（Tognini-Bonelli, 2001）。梁茂成指出基于语料库的研究范式"沿用了普通实证研究的方法，即提出假设、以数据验证假设。假设的验证常常需要对照组，比较和统计检验是研究中不可缺少的环节"（2012: 332）。由于"基于语料库"的研究范式不排斥外部理论，目的在于验证已有假设，因此，"词语不是研究的唯一切入点，研究可以涉及性别、语域等多种非语言因素。这种研究范式与语用学、社会语言学、批评话语分析、认知语言学甚至心理语言学都有接口"（同上：331）。在译作导向的基本统计特征描写中，应用了基于单语语料库的统计方法，分析译作在词频、标准类符 / 形符比、词汇密度、词汇难度、平均词长、平均句长等方面的特征。

（3）语料库辅助的具体案例分析。Halliday（1971: 343）认为，在文体分析中，不论采用什么操作方法，总要对语言的元素进行计算。文体不能简单变为计算频数，因为文体是个人的体现；前景化是不能用统计来表现的。但是 Halliday（同上：344）也指出，如果文体是可以识别的，不论是一部作品，一个作者，还是一个时代，或是一种文学传统，它独特的品质可以在最后的分析中用相对的频率来进行表述。在这个观点下，研究在原作导向的翻译策略分析中，采用了语料库辅助的具体案例分析法，即以案例比较为切入点，以全文检索为验证的手段，将定量研究和定性研究有效地结合起来，从而获得更可靠、更有代表性的译者文体特征。

1.4 框架结构

研究共分为六章。

第一章为引论，分为四个部分。第一部分回顾了翻译研究的语言学转向和文化转向的发展趋势。第二部分介绍了语料库翻译学的发展过程，指出译者文体研究的产生背景。“研究问题”有三个：如何界定核心概念，如何分析译者文体，以及导致译者文体差异的核心因素是什么。“研究意义”针对“研究问题”，指出研究的理论意义和实际意义。理论意义在于拓展了译者文体研究的方法与内容，实际意义在于为典籍外译研究提供一定的借鉴。“研究设计”介绍了译者文体分析和解释的基本步骤。“研究方法”介绍了研究所用的三种研究方法：文献梳理法、基于语料库的统计分析法和语料库辅助的具体案例分析法。第四部分概述了本书的“框架结构”。

第二章为文献综述。首先区分了“译者声音”“译者文体”和“译者风格”等相近术语的概念，通过理清其关联，界定了研究的核心概念“译者文体”的基本含义。之后从传统译学、语言学派翻译学和语料库翻译学三个角度，梳理了译者文体研究的主要研究文献，重点分析了语料库翻译学视域下的译者文体研究理论框架和研究方法，并介绍了《世说新语》与《汉魏六朝小说选》的研究与翻译情况。

第三章为语料库建设与检索。介绍了研究所用语料库的设计方案、建设过程、检索和统计的工具与方法。

第四章为译者文体特征的实证研究。本章分三个部分。第一部分采用基于单语语料库的语内类比方法，比较两个译作的基本统计数据；第二部分采用平行语料库辅助的语际比较方法，以原文为参照，比较两个译作中的部分章节；第三部分采用案例比较方法，对比两组译作的副文本特征。

第五章为译者文体成因分析。本章从译者自身因素和外部客观因素两个层面，分析译者文体特征的主要制约因素。

第六章为研究总结。本章分三个部分，第一部分为研究总结，归纳了本研究的主要发现，包括理论和方法上的创新之处；第二部分为研究价值，从理论价值和实际价值两个角度，阐释了研究对翻译学科建设和发展的贡献，对我国典籍翻译事业发展和翻译人才培养的价值；第三部分为研究的不足与展望，指出研究中在理论和方法上的不足之处以及后续研究可以拓展的空间所在。

2 文献综述

2.1 基本概念

辜正坤（1998: 22）认为，“基本术语是学术研究和理论建构的出发点，如果你的出发点就是错的，就很难指望你的研究的大方向是正确的。为了学术研究本身的精密性和准确性，我们的首要工作就是对所有的学术术语，尤其是经过翻译而来的术语，进行甄别、校正，否则根本就谈不到在学术和理论建设上有什么贡献。”根据这一表述可以看出，学术研究的首要工作就是甄别和校正术语，否则研究的方向会产生偏误，导致研究没有贡献可言。

“Translator’s Style”是本研究的核心术语，体现了这一研究所独具的内涵。该术语源自 2000 年 Mona Baker 的研究“Towards a Methodology for Investigating the Style of a Literary Translator”。Baker（2000）不仅提出了“Translator’s Style”的基本概念和内涵层次，还据此设计了研究的框架，开启了这一领域的大门，此后相类似的研究不断展开。

然而在国内的研究中，学者们对于“Translator’s Style”的翻译存在不同观点，可以看到相关文献中有“译者声音”（Translator’s Voice)、“译者风格”等不同术语。这些术语在概念与研究方法上并非完全一致，彼此既有重合也有差异。

因此，在研究之初，有必要澄清研究的核心术语及其基本概念，通过梳理其发展脉络，辨明不同中译文之间的差别，建立术语之间的关联，最后选定本研究所统一使用的术语。

下文首先辨别三个常用术语的基本概念，即“译者声音”“译者风格”和“译者文体”，并结合 Baker（2000）所提出的“Translator's Style”的概念，选择相应的汉语译文。通过分析核心术语的翻译，最后尝试重新界定术语的基本概念。

2.1.1 译者声音

在叙事学中，“声音”通常用来指叙述者的声音（Rimmon-Kenan, 1983/2002: 87-106），也可以指作者通过叙事行为在文本中体现出的声音（Booth, 1961: 18）。Seymour Chatman（1978）在《故事与话语》一书中描绘的叙事过程如图 3 所示。

真实作者——隐含作者——叙述者——叙事文本——受述者
——隐含读者——真实读者

图 3 叙事过程的普通叙事表达

其中“真实作者”就是文本的作者，“隐含作者”概念采用了 Booth（1961）的观点，即读者通过阅读而推导出来的作者的形象。“隐含读者”指的是作者或真实读者通过阅读所推导出的读者的形象（Iser, 1974）。

结合翻译作品，Schiavi（1996: 14）认为，在上述叙事过程中，原文和翻译被视为完全等同，因此他提出修改翻译的叙事过程图，如图 4 所示。

真实作者——隐含作者——叙述者——叙事文本——受述者——隐含读者
——真实译者——隐含译者——翻译叙述者——翻译被叙述者
——译文隐含读者——译文真实读者

图 4 翻译的叙事表达

在翻译的叙事表达过程中，“真实译者”与“隐含读者”相连，原因在于译者会注意到文本的隐含读者，认识到自己在源语语言文化知识方面的空缺，采用或不采用补偿的措施，从而将这种意识表现在译文的语言选择中（Schiavi, 1996: 15）。由于译者在创造译文的过程中隐含译者和译者扮演了原文隐含作者和作者的角色，因此，译文读者就会获得来自不同说话人的不同信息：一个来自被译者阐释或调节的作者，一个直接来自通过译文语言的译者（同上：14）。

Munday（2008）认为，Schiavi（1996）的这一表达模式不足以清晰地解释翻译过程，因此他提出了另一种平行的翻译叙述线路，如图 5 所示。

对于原文：作者——隐含作者——叙述者——受述者——隐含读者——原文读者

对于译文：原文读者 / 译者——隐含译者——译文叙述者——译文受述者——译文隐含读者——译文读者

图 5　翻译的平行叙述线路

原文的叙述线路和译文的叙述线路是平行的两条线路，将作品生成与接受分为两个阶段，原作到读者为第一阶段，读者或译者到译文读者是第二个阶段。这样的划分将译者的作用提到了第二个叙述线路的开头，使译者具有了同原作者一样的地位，原作者是原作的生产者，而译者是译作的生产者。

译者在译作生成过程中拥有了和作者相同的权利，对译文的生成进行了干预，改变了原作者在译文中的声音。Rachel May（1994）在《文本中的译者》（*The Translator in the Text*）中研究了俄国文学英语译文，指出译者改变了文本内和文本周围的权利关系。译者或隐含译者拥有权利，可以重塑译文，使其符合个人或公众的意识形态框架或叙事手法。Barnstone（1993: 28-29）认为，译文中的声音有两种可能，原作者的声音高于译者的声音或者译者的声音压制了原作者的声音。Carmen Millán-Varela（2004）将表现在译文中的译者声音分为三种类型：第一种为显形现身（visible presence），即译者在译文首页署名，或在译文中加注；第二种为可听现身（audible presence），即译者因双语能力不足，或因编辑、审校失误而出现语法错误或不规范的表达等；第三种为隐形现身（invisible presence），即指译者采用异化（foreigness）或陌生化（strangeness）的策略（引自周小玲，2011）。

对译者在翻译中的干预过程，Hermans（1996/2009: 283）将其称为“译者声音”（Translator's Voice）。他认为，“当我们阅读叙事性的翻译作品时，我们听到的不仅仅是原来的叙事者的声音，译者在翻译文本中的存在（discursive presence）变得清晰”，例如原文的“文化嵌入”（cultural embedding）的翻译；“自我指涉”（self-referentiality）的翻译和“上下文过度制约”（contextual overdetermination）的翻译。而且，其他副文本，如重要的引言、有价值的脚注、书的封面以及其他翻译文本以外的文本信息，都是描写译文叙事特征的角度。通过与原文比较，还可发现译者的其他踪迹，如省略翻译、改写等。他认为，译者的声音就是译者在文本中的存在，而叙事传统忽视译者声音的原因在于文化传统中的译文通常被认为是原文透明的复制品（同上：301）。

译者对翻译过程的干预是译者声音存在的理据，“译者声音”表现出译者在翻译叙事话语中的显形，是译者翻译策略的外在表现形式。因此，研究译者声音需要比较原文和译文，从而识别译者声音与原作者的声音（Munday, 2008）。

Baker（2000/2012: 132）以 Hermans 的“译者声音”观点为起点，认为“译者文体”是译者留在文本中的一系列语言性和非语言性的特征，其中不仅有译者受到原文影响和制约后发出的“译者声音”，还包括译者对原作的选择，翻译策略的使用等。

2.1.2 译者风格

在中国的翻译理论中，“风格”的含义与“文体”并不一样。“风格”源自中国传统美学的“文气”。汉魏文学理论家曹丕在《典论· 论文》中提出了“文气”说。“文以气为主，气之清浊有体，不可力强而致。譬诸音乐，曲度虽均，节奏同检，至于引气不齐，巧拙有素，虽在父兄，不能以移子弟。”

文章之“气”是作者审美情趣和性情气质在文章中的表现。刘勰在《文心雕龙·体性》中提到“是以贾生俊发，故文洁而体清；长卿傲诞，故理侈而辞溢；子云沈寂，故志隐而味深；子政简易，故趣昭而事博；孟坚雅懿，故裁密而思靡；平子淹通，故虑周而藻密；仲宣躁锐，故颖出而才果；公干气褊，故言壮而情骇；嗣宗俶傥，故响逸而调远；叔夜俊侠，故兴高而采烈；安仁轻敏，故锋发而韵流；士衡矜重，故情繁而辞隐”。元范德机在《木天禁语》中说“性情褊隘者，其词燥；宽裕者，其词平；端靖者，其词雅；疏旷者，其词逸；雄伟者，其词壮；蕴藉者，其词婉。”明钟惺《古诗归》中认为曹操诗“有霸气，而不必其王，有菩萨气，而不必其佛”，曹植诗“柔情丽质，不减文帝，而肝肠气骨，时有块垒处，似为过之”。清沈德潜《古诗源》认为曹丕诗“有文士气，一变乃父悲壮习气，要其便娟婉约，能移人情”①。

《辞海》（1989: 1726）将“风格”解释为：“作家、艺术家在创作中所表现出来的艺术特色和创作个性，具有主客观两个方面的内容。主观方面是作家的创作追求，客观方面是时代、民族、阶级乃至文体对创作的规定性。由于生活经历、立场观点、艺术素养、个性气质的不同，作家、艺术家们在处理题材、熔铸主题、驾驭体裁、描绘形象、运用表现手法和语言艺术等方面都各有特色，这就形成作品的个人风格。个人风格是在时代、民族、阶级的风格的前提下形成的。时代、民族、阶级的风格通过个人的风格表现出来。独特风格的形成，是一个国家、民族、作家本人在艺术上达到一定成就的标志之一。”根据这个定义，风格是作家表现在作品中的个人特征，影响风格的因素分客观和主观两个方面。风格可以是个人的风格，也可以是群体的风格、时代的风格。风格是一种艺术成就的表现。

《中国译学大辞典》对“译者风格”的定义是：“指译者的人格倾向、选题倾向、文笔色彩以及译者所遵循的翻译标准，使用的翻译方法和译文语言运用技巧等特点的综合，尤其表现为语言运用的特点”（2011: 91）。

---

① 《文心雕龙》《木天禁语》《古诗归》《古诗源》的原文均选自“中国哲学史书电子化计划”网站：https://ctext.org/zhs。检索日期：2021 年 3 月 21 日.

从我国古代的文气说到后来的风格说，作者始终是被言说的对象。作者在创作过程中，极力展现出自己独特的审美取向和性情气质，因而作品的风格是成功作者的标志，体现了作者或作者群体的独特性。译者在风格说中并不占有一席之地，尽管译者风格的说法并不罕见，但译者受到原文制约的事实不容忽视，所以译者风格仍然受制于作者风格。

2.1.3 译者文体

文体在英语中是“style”，源自古希腊语和拉丁语，其词根为“stile”“stilus”，指一根一端削尖的棍子，可用于写字、绘画。在语义进化中，“style”的语义范围不断扩展，可以指表达的方式、风格的特征、也可以指民族、时代、文学形式、个体特征所形成的词汇、语法表达方式。在其他领域，“style”也得到了使用，如建筑和艺术作品都有独特的风格。“style”既可以是描写性的，也可以是规约性的。西方最早研究文体的是修辞学家，如高吉亚斯，主要研究演讲的修辞方式及其文体特征。到了亚里士多德时期，修辞学得到了比较全面的研究，修辞学研究的“五艺说”已经形成。

亚里士多德认为，好的文体要在五个方面达到要求：正确运用连词，并把它们按自然的顺序排列；对事物要以其专用名字称呼它，不能用模糊的称呼；除了故意表达歧义外，要尽量避免歧义；要按照 Protagoras（普罗泰戈拉）对名词的分类方式、将其分为阳性、阴性、无生命三类；用正确的形式表达复数、少量和一致性（张德禄，2015: 28）。

在其后的发展中，虽然修辞学的研究范围在不断变化，但文体作为表达方式和修辞效果的基本意义却没有发生变化。直到 20 世纪文体学诞生后，文体的定义才开始向多样化发展，产生了不同类型、从不同角度或不同用途来定义的文体。

关于文体的概念，Leech 和 Short（1981: 38）在《小说文体论：英语小说的语言学入门》（*Style in Fiction: A Linguistic Introduction to English Fictional Prose*）中指出，想要给文体下一个精确的定义是徒劳的。Roger Fowler（1986/96: 185-186）甚至认为，“文体”不是一个术语，因为文体的

含义模糊，可以使用“语域”（register）和其他社会语言学术语来取代文体，例如“方言”（dialect）和“个人言语习惯”（idiolect）。刘世生（1997: 10）总结了文体的31种定义，Ferenčik（2003）则总结出了几百种（引自张德禄，2005: 22）。

在文体研究中，关于形式和内容的关系的见解可以分为两种基本的类型：一元论和二元论。一元论者（monists）认为，形式和内容是不可分割的，任何形式上的区别都会引起意义上的变化，对语言形式的选择也就是对意义的选择，同时也是对文体的选择。在一元论者中，有的强调作者个人的作用，认为文体是个体特征的集合，这种观点包括把文体与作者等同起来的观点。如Buffon说过，“文即其人”（The style is the man himself.）。与强调个人的特征相对，另一种一元论观点认为，文体是整体的特征，是作品所表现出来的一些集合特征（Enkvist et al., 1964: 12）。此外，以法国结构主义文体学家Roland Bathes为代表的一元论学派认为，形式是第一性的，内容也是形式的一部分。Barthes（1957/1972）认为，不同的文体是由选择不同的表达方式形成的，表现为不同的语言“变异”，包括表达不同情感和领域的变异，和表达不同的个体特征，如出生地域、年龄、阶层、民族等的变异。二元论者（dualists）认为，尽管语言的形式和意义关系密切，但仍然是两个不同的范畴，应该分开讨论。Swift认为，在恰当的地方使用恰当的词（proper words in proper places）（刘世生，1997），恰当的词才能产生恰当的文体。

虽然文体的定义众说纷纭，当今比较有影响的文体理论主要分为三种类型：选择说（style as choice）、偏离说（style as deviation）和前景化（突出）说（style as foregrounding）（刘世生，2006: 21）。

选择说认为，作者在写作的时候一直在进行着语言的选择，选择就是文体。选择可以是语言系统之内的，有时选择会超出语言系统，形成新颖的表达方式。作者在语言系统内的语音、词汇、句法等各个层面上的选择铸就了不同的文体风格（刘世生，2006: 23）。Halliday认为“所有的语言选择都是有意义的，所有的语言选择都与文体风格的构成有关”（1971）。Ullmann（1973）指出，文体就是对多种变体进行选择后的结果，选择包括选择意义和适当的语言形式。Traugott和Pratt认为“说话者或作者在语言所能提供的种种可能之中总是选择使用某些结构，而不选另外的结构，这一倾向的结果就产生了文体”（1980: 26）。Leech 和 Short 认为，文体是“在特定的语境下，特定的人出于特定的目的等而使用语言的方式”（1981: 10），文体属于言语而不是语言的范畴，因此文体是语言库中的选择。申丹在《文学文体学和小说翻译》中指出，“文体是为了实现艺术效果或主题效果而进行的语言选择”（1995/1998: 19）。

选择说的第二个层面就是把文体看做作者的语言习惯。Leech 和 Short（1981: 12）认为，在文学作品中，文体与作者的性格有密切的关系，因此文体仿佛作者的“指纹”（thumb-print），可用于辨认作者的身份。Bakhtin（1981: 276）认为，作者的个人因素会表现在各种题材中，“任何话语形式 [……] 都能反映出说话人（或作者）的个性特征，话语的形式拥有个人的文体特征 [……]”（1981: 276），个人因素是文体最重要的组成部分。童庆炳指出，“文体是一定的话语秩序所形成的文本体式，它折射出作家、批评家独特的精神结构、体验方式、思维方式和其他社会历史、文化精神”（1994/2008: 3）。他认为，文体的定义可以分两层来理解，“从表层看，文体是作品的语言秩序、语言体式；从里层看，文体负载着社会的文化精神和作家、批评家的个体的人格内涵”（同上：3）。也就是说，文体的实质就是作者的个性。

偏离说认为文体是对常规的偏离。20 世纪 60 年代，现代文体学形成时期，“人们普遍把文体定义为对常规的偏离”（胡壮麟、刘世生，2004: 225）。作家作品中的变异倾向性就是作者的风格（idiolect）。变异是相对于常规而言的，文学语体必须是“陌生化”的，是对常规语言的偏离和扭曲，这种语言才能使人获得新的感受，才能构成有表现力的文体。Leech（2001）区分了诗歌语言中出现的八种变异形式：词汇变异、语音变异、语法变异、书写变异、语义变异、方言变异、语域变异以及历史时代的变异。

“前景化”概念来自于俄国形式主义者 Victor Shklovsky 等人的论述，经过 Jan Mukarovsky、Roman Jakobson 等布拉格学派学者的阐发，后又经过 Geoffrey N. Leech、M. A. K. Halliday 等文体学家的加工发展而成（刘世生，2006: 34）。前景化理论认为，语篇中的某些部分比起其他部分更能引起读者的注意，能够在读者心中产生显著的效果（psychological salience），因为它们具有显著特征，包括语言上的变异和一些特殊的语言模式。

从本质上讲，文体概念是一个一致性和特殊性的统一体（张德禄，2015: 39）。特殊性是语篇局部、零散的特征；一致性是一个语篇所表现出来的共性特征，但它不是相同的特征，可以是几个特征的结合，或者几个特征共同构建的特征。一致性特征和特殊性特征共同构建了语篇的特征，一致性特征代表了语篇的本质特征。

"译者文体"（translator's style）由 Baker（2000）首先提出，并首次用语料库方法加以研究。Baker 认为，"译者文体"是译者的"某种指纹，表达为语言和非语言的特征"（2000/2012: 132）。其中，"语言性的特征"是指"译者典型的表达方式，而非对译文的公开干预 [……]，是与其他译者相比之下的译者个人的语言习惯，是译者的偏向使用的重复出现的语言行为模式"（同上：133）。语言性特征的译者文体分析与文学文体学和法证文体学的区别在于：

（1）文学文体学（Leech & Short, 1981: 14）研究作者刻意的语言选择，译者文体并非译者刻意的语言选择；

（2）法证文体学（forensic stylistics）研究作者无意识的个别语言选择，译者文体并不关注点滴的语言特征，更多的是研究译者在翻译文本中偏爱的、典型的、重复出现的语言模式。

"非语言性特征"包括译者的选材 、惯用的具体策略，如前言、后记、脚注、文中词汇注释等副文本的使用（Baker, 2000/2012: 132）。Baker 的译者语言性特征更接近于译者个人的语言使用特征，而非语言特征则直接与翻译有关。译者翻译的是原作，原作的文体对译者的制约是不可避免的。

关于如何区分译者语言特征和原作语言特征的问题，Munday（2008: 13-19）认为，翻译就是译者有意识和无意识的决策过程，译作是作者和译者共同创作的文本，是在原文的拼图中夹杂了目的语的镶嵌物。译者的声音与作者的声音是"复调的"（Bakhtin, 1981）。

Kristen Malmkjær（2004）区分了作者的语言选择和译者的语言选择，前者受到了文本类型的制约，后者受到了原文内容的制约。因此，Malmkjær 认为翻译的文体学研究不同于文学文体学研究，可以用"翻译文体学”（translational stylistics）这个术语来表示。翻译文体学旨在“解释为什么原文既定的情况下译文会呈现出这样一种表达含义的方式”[①]（2004: 3）。

国内学者在“译者文体”研究中基本都沿袭了Baker（2000）的“译者文体”概念，但是对译者文体的理解有不同的侧重点。

胡开宝（2011）区分了译者风格（即译者文体）的广义概念和狭义概念，他认为“广义的译者风格包括译者在语言应用方面所表现出来的个性特征以及包括译本选择、翻译策略应用、序跋和译注等在内的非语言特征。狭义的译者风格指译者语言应用或语言表达的偏好，或在译本中反复出现的语言表达方式”（2011: 109）。其广义的译者风格概念与Baker（2000）的观点是一致的。霍跃红（2014: 2）强调了译者文体的个人特征，虽然她认为译者文体是译者表达在语言和非语言中的个性特征，但她指出，译者文体关乎译者运用语言的特点及其与他人不同的语言习惯，是译者个人偏爱的表达形式和重复出现的语言行为方式，而不是个别的或一次性的偶然例子。周小玲（2011: 33）认为译者文体既包括译者的语言表达习惯也包括译者操控的痕迹，而后者是特定历史文化因素影响的结果。董娜（2010: 40）提出了“译者痕迹”（imprints）这个术语，她认为译者痕迹包括译者语言性痕迹，如译者在语域、体裁或是时代方面的语言性特征和译者在翻译文本中插入的序言跋语、脚注等副文本；也包括译者的非语言性痕迹，如译者对源语文本的选择和译者的翻译策略取向（同上：41）。

“译者文体”的观点囊括了译者声音的观点，并增加了译者独特的语言习惯的内容。研究者根据自己研究的方法和目的，对“译者文体”的内涵各有偏重。

有研究者认为“译者文体”是译者独特的语言使用习惯（霍跃红，2014），更多的研究者认为译者文体与译者风格具有相同的理论基础和研究方法（王克非，2012；黄立波，2009/2014；胡开宝，2011；董娜，2010；周小玲，2011；卢晓娟，2015）。

本研究认为，“译者风格”与“译者文体”不能一视同仁。原因在于：

---

① 原文：“...translational stylistics, as I understand it, is concerned to explain why, given the source text, the translation has been shaped in such a way that it comes to mean what it does.”

（1）内涵不同。文体在汉语中可以包含多个概念，如“文体”“语体”“风格”等。汉语“文体”表示各种类型文章的体裁，如文学文体包括诗歌、小说、散文、戏剧等；非文学文体包括其他各种类型的文章形式，如记叙文、说明文、论述文等。“语体”则是指人们在各种社会活动领域针对不同对象和环境使用语言进行交际时所形成的常用词汇、句式结构、修辞手法等一系列运用语言的特点，如系统功能语言学的“语域”（register）所覆盖的范围分为口头语体和书面语体，其中口头语体包括谈话语体和演讲语体；书面语体又分为法律语体、事务语体、科技语体、政论语体、文艺语体、新闻语体、网络语体等。“风格”是区别于其他人的特点、表现、打扮、行事作风等，表现事物的独特性，不仅指语言的独特性特点，还指各种各样的行为或事物的独特特点；在文学创作中，指其表现出来的一种带有综合性的个体特征（张德禄，2015: 26-27）。因此，译者文体的概念比译者风格的概念从内涵上来看更为宽泛；

（2）重点不同。译者风格与译者文体的着眼点不同。风格偏重作者风格，以研究作者语言使用上的独特性为目的。译者风格则具有研究译者，尤其是成功译者的固定的、独特的语言使用习惯。译者文体侧重文体，表现出语言特征研究的主要内容。但是，由于文体的含义更加宽泛，并没有限定为作者或译者的特征，同时也可以包括原作的文体特征在译作中的体现，因此，译者文体的内涵要比译者风格更广，更具有多层次性和多元性；

（3）方法不同。译者风格突出我国传统的风格学研究方式，译者文体表明了与文体学研究的关系，体现出研究在理论基础上的跨学科性。此外，译者文体也能够展现语料库文体学在研究方法上的应用。

因此，本研究选择了“译者文体”这一术语，既有别于“译者声音”，并非只考察原作对译作的影响；也不同于“译者风格”，只关注译者独特的语言使用习惯。译者文体既要研究原作的干预对译作文体的影响，也要关注译者独特的语言使用习惯，从而将两个方面的特征整合起来，观察译者在翻译过程中的选择。

2.2 译者文体研究综述

译者文体研究属于语料库翻译学研究领域，但并非语料库翻译学所独有，早在 Cicero 提出的演说家式的翻译和解释员式的翻译中就初露端倪。译者文体研究所涉及理论也不局限于翻译学一门，还有认知文体学、叙事文体学、系统功能文体学和语用文体学等。因此，为了对译者文体研究进行比较清晰的梳理，本章根据研究理论的不同类别，从传统翻译学、语言学派翻译学以及语料库翻译学三个角度，分别回顾相关核心文献。通过文献梳理，系统综述译者文体研究的理论基础，总结译者文体分析的方法，为建构本研究的译者文体分析框架提供理论和方法的支持。

2.2.1 传统翻译学研究与译者文体

古罗马翻译家 Marcus Tullius Cicero（公元前 106— 前 43）在《论最优秀的演说家》（“The Best Kind of Orator”）中说：“我不是作为解释员，而是作为演说家来翻译的，保留相同的思想和形式……使用符合我们表达习惯的语言。在这一过程中，我认为没有必要在翻译时字当句对，而是保留了语言的总体风格和力量。因为我认为不应当像数钱币一样把原文词语一个个数给读者，而是应当把原文的重量称给读者。”①（引自 Robinson 1997/2007: 9）Cicero 主张活译，反对直译，从翻译策略的角度注意到了译文的总体风格所具有的修辞效果。

第一个正式提出文体翻译的是英国文艺理论家 Alexander Fraser Tytler。Tytler（1907）在《论翻译的原则》（*Essay on the Principles of Translation*）中，以《圣经》的翻译为案例，提出了著名的翻译三原则：

（1）译作应完全复写出原作的思想；

① 原文：“And I did not translate them as an interpreter, but as an orator, keeping the same ideas and the forms, or as one might say, the ‘figures’ of thought, but in language which conforms to our usage. And in so doing, I did not hold it necessary to render word for word, but I preserved the general style and force of the language. For I did not think I ought to count them out to the reader like coins, but to pay them by weight, as it were.” (Translated by H. M. Hubbell)

（2）译作的文体和手法应与原作具有相同性质；

（3）译作应具备原作所具有的通顺。

Tytler（1907: 63）在第五章重点论述了文体的翻译。他认为，文体上忠于原文的翻译是最难的，因为与理解原文的意义相比，公正地识别和愉快地模仿原文的文体特征更加困难。译者要想准确再现原作文体特征，首先需要辨别原作文体的特征。例如《圣经》文本的语言就以简明为特征，与现代文体不同的是没有大量使用助动词和连接词。Castalio 和 Arias Montanus 在翻译《圣经》的《创世纪》时截然相反的文体选择说明过于意译和过于直译对于原文都是一种损害。译者必须有一定的品位（taste），能够识别原文的文体特征，有能力在译文中尽力模仿原文的文体。Tytler 认为原文的内容和文体是分开的，通过分析原作文体可以使译作文体忠实于原作。

英国翻译理论家 Theodore Savory（1957/1968: 49）在《翻译的艺术》（*The Art of Translation*）第四章中提出了十二条翻译的原则，分别是：译作必须传达原作的词语，译作必须传达原作的思想；译作应该读起来像原作，译作应该读起来像译作；译作应该反映原作的文体，译作应该拥有译者的文体；译作应该读起来像原作同时代的作品，译作应该读起来像译者同时代的作品；译作应该对原作进行增删，译作不应该对原作进行增删；诗歌应该翻译成散文，诗歌应该翻译成诗歌。这十二条原则两两对立，译者只能二者译一。

关于文体的翻译，Savory（1968: 55）认为，文体体现作者的语言特征，作者创作时的情绪和作者所生活的历史时期的特征，因此译作应该反映原作的文体特色。然而，选择直译原作文体，虽然在形式上更加忠于原文，更加准确，但在内容上却会受到损失。而且，译者和作者同样拥有自己的文体特征，在选词造句上遵循着无意识和有意识的规则，所以，在文体选择上，译者总是处于一种两难的境地。作者提出了解决这一问题的方案，即通过对读者进行分析，根据读者的需求提供不同性质和风格的译文。Savory 的翻译原则为译者的翻译活动划定了范围，文体的翻译只能在原作与译者之间选择，选择的标准就是译文读者的需要。

我国传统的翻译学研究认为，对译作风格的研究与批评总是与原作风格密不可分。传统译学理论强调译作对原作的忠实，主张译文风格对原文风格的依附性，认为译者应关注原文风格意义的所在，应当尽最大努力调动自己的文化素养和中外文功力，准确地传达出原作的风格。

张今和张宁（1987: 88-109）认为，风格是作家的风格，是作家精神面貌、审美观、社会观、创作个性的表现。译者也有风格，但译者应积极应用各种手段，将译作风格统一到作者风格上来。译者应抑制自己的风格，以再现作者的风格为重。风格翻译的方法有以下几种：遵守细节忠实原则；抓住作者的世界观、审美观和社会观；抓住作者的创作个性，从原作艺术意境和作者创作意图出发，妥善处理作者所有的表现法；采用和原文通篇或某段相同的语言“层次”，如高雅体、科技文体等。

郑海凌（2000: 298-308）指出，风格是作家的表达体系、修辞体系。文学翻译不是创作，译者不能随心所欲地自我表现。译者在翻译不同作家的作品时，其译文的整体面貌是不同的，不可能形成一个稳定不变的“译者形象”。作家、艺术家的风格是标识作品成功的积极因素，往往是作家、艺术家可以追求的结果，而译者的个性（即译者的“自我”）是译作中的消极因素，是译者竭力要摆脱和避免的东西（同上：318）。“译者风格”的说法是一种“误解”，译者在译作中所展现出的语言特征只是一种“自我”体现，或者是某种习惯表达，而非真正意义上的风格。风格翻译的步骤是：从整体上理解和把握原作的精神实质；注意保持原作的句法结构；注意保持异域情调，正确处理“归化”与“欧化”之间的矛盾。

刘宓庆（2007）指出，原作的风格意义决定了译作的风格特征。翻译风格的前提是挖掘原作的全部风格意义，可以应用“风格标记体系”来识别原作的风格特征。风格标记体系可分为着眼于音、形变异的“形式标记”（formal markers）和着眼于审美效果的“非形式标记”（non-formal markers）。

在实际的翻译中，译者是否压抑了自己的风格而以原作风格为己任？回顾我国的翻译史研究，可以看到正是译者的序跋构成了翻译史研究的重要资料。罗新璋，陈应年（1982）在《翻译论集》中以历史阶段为纲，以译者或翻译理论家的姓名为序，收集了译序、跋语、译评等众多重要翻译研究文献，为翻译研究提供了丰富详实的文献资料。编者的观点非常清楚，翻译史是译者翻译实践的过程，翻译史论是译者由实践中得出的感悟和思想。由此可见，译者在翻译史研究中具有非常重要的地位。

译者风格研究也是翻译史研究的重要组成部分。郭章著（1999/2005）在《翻译名家研究》中从翻译思想、翻译理论、翻译实践等方面对著名译者加以评价，认为译者的翻译活动必然受到其翻译思想的左右，从而体现出自己的独特个性。书中始终将译者的风格与译者的思想、译者的素养、译者的阅历紧密相连，认为译者的翻译风格是明显的，而其独特性则是因人而异的。由于人与人所处的社会历史文化环境的差异不可避免，不同的译者必然会有不同的翻译风格，比如周氏兄弟的“直译”风格与文化诉求的关系，胡适的翻译风格与创作风格的关系，郭沫若的诗才与诗歌翻译的关系，林语堂的“传神”翻译观与其人生观的关系，徐志摩的诗歌创作与诗歌翻译之间在风格上的对立关系；巴金认为译者的风格必然存在，但译者风格应该受到作者风格的制约，所以他喜欢选择与自己语言风格特点比较接近的作家的作品来翻译。巴尔扎克原作风格与傅雷的译文风格迥然不同，原作冗长厚重，译作脉理清晰。

许渊冲（2006）在《翻译的艺术》中提出了更加鲜明的观点，他认为翻译是两种语言的竞赛，文学翻译更是两种文化的竞赛。译作与原作是竞赛对手，译作完全可以超越原作。译者的风格可以超越原文作者的风格。译者在译作中体现自己一贯的风格，不管翻译唐诗还是宋词，体现出的都是译者的风格。

总的来看，传统翻译理论研究虽然已经提出了译者文体、译者风格的相关概念，但是更注重对原作文体的翻译技巧加以讨论。研究者认为，译者、原作和读者在译作文体的建构中都发挥了积极的作用，但是译者不能改变原作的文体风格，并取而代之以自己的文体风格。《中国译学大辞典》（2011: 91）认为，译者若能把自己的风格与原作的风格统一起来，将会产生最佳的译作。因此，在传统译论中，译者必须以原作者和原作的文体风格为最高的标准，并以此为评价译作优劣的一条准绳。

2.2.2 语言学翻译研究与译者文体

加拿大学者 Jean-Paul Vinay 和 J. Darbelnet 于 1958 年合著的《法英文体比较：翻译方法论》（*Comparative Stylistics of French and English: A Methodology for Translation*）是语言学翻译理论中系统研究文体翻译的作品。作者认为，语言（langue）是语言系统不可替代的事实，因此是译者必须服从的，而言语（parole）是语言的使用，例如一些过时的语言已经不再使用，译者就可以自主选择（1958/1995: 15）。对于译者来说，分辨出“命令”和“选择”非常重要，“命令”是语法问题，而“选择”是文体学研究的范畴。据此，作者提出了“比较文体学”（comparative stylistics）的概念，即比较两种语言在词汇、句子结构和信息三个层面上的文体特征，就可以辨别其表达方式，从而区分“命令”和“选择”（同上：17）。

美国翻译理论家 Eugene A. Nida 提出了形式对等和动态对等的概念。形式对等指译文和原文在词汇和篇章结构上对等，动态对等指译文在目的语中的功能和原文在源语中应该具有的功能对等。他在与 Charles Taber（1969/2004: 13-14）合著的《翻译理论与实践》（*The Theory and Practice of Translation*）中指出，文体是某个作家选择的模式，受限于语言和文学文体的资源。文体使文本具有特殊性，使作品专属于某个作家，如马可（Mark）文体轻快活泼，路加（Luke）的文体精致有序，因此文体的翻译非常重要。他们主张，文体翻译应遵循动态对等的原则，例如《圣经》原文中马可在每句话的开头都使用了 kai（表示 and），这在古希腊语（semitized koine Greek）中是很常见的，但是在英语《圣经》的《校定标准版本》（*Revised Standard Version*）中，这个词被翻译成了“and”，这使得译文读起来如同儿语（childish），背离了原文的语言特征。

与 Nida 有类似观点的还有我国学者申丹（1998）。她在《文学文体学与小说翻译》（*Literary Stylistics and Fictional Translation*）中将文学文体学应用于文学翻译研究，从词汇、句法、言语和思想表达三个方面讨论了汉译英和英译汉作品中文体的翻译。她认为，造成文学翻译的“假象等值”现象的原因在于文学译者有时对于语言功能的理解不够充分，译者关注的只是被描写的事件，而不是事件表现的方式，忽视了那些被原文作者刻意改变的句法和词汇顺序的文体意义。申丹的研究应用了文学文体学的分析方法，对比了原作和译作的文体特征，为译文比较与批评提供了新的解释途径。

语言学视角下的文体翻译研究还应用了其他理论基础上的分析方法。Kristen Malmkjær（2004）研究了 Henry William Dulcken 的安徒生（Hans Christian Andersen）作品的英译。在这篇文章中，Malmkjær 首先选择分析案例“卖火柴的小女孩”故事，方法是平行比较小女孩看到的四个幻境的原文文本、直译文本、Dulcken 的英译文本，并分析了安徒生在原文中所营造的故事氛围与Dulcken在译文中表现出的氛围之间的差异（同上：22-23）。Malmkjær 的研究提出了“翻译文体学”（Translational Stylistics）这个概念。她认为，文体研究是寻找“为什么”，即作者在语体和自己思想的制约下为什么选择使用某种语言形式；相比而言，翻译文体研究的情况更为复杂，译者不仅受到原作的文体制约，还要受到其他不同因素的制约，例如翻译规范、原作的目的、译者的声音、社会文化背景等。虽然研究中并没有建立分析翻译文体的模式（Munday, 2008: 35），但她的研究指出了翻译文体的特殊性，从多个角度考虑了翻译文体的成因。

Jeremy Munday（2008）在《翻译中的风格与意识形态：拉丁美洲作品英译》（*Style and Ideology in Translation: Latin American Writing in English*）中指出，叙述视角的改变可能是因为译文需要适应目的语系统的意识形态或文学传统，也有的是无意识的改变。叙述视角的改变会导致阅读难度增加，因此，他建构了一个用于分析意识形态的文体特征框架，从微观层面分析叙事视角的文体特征，从宏观层面分析译者的意识形态，从而建构一个辨别译者声音的研究模式。

Charlotte Bosseaux（2007）的研究和 Munday（2007）选择了相同的角度，即叙述视角。在《什么感觉？翻译中的视角——以弗吉尼亚·伍尔夫作品法译本为例》（*How Does it Feel? Point of View in Translation: The Case of Virginia Woolf into French*）一书中，她讨论了两种翻译文体的研究方法：Baker（2000）的译者文体分析方法；Jeremy Munday（1998，2002）的计算机辅助翻译的转换研究法。应用系统功能文体学的理论，Bosseaux 通过关注叙述视角的语言形式，发现翻译中的转换特征，从而质疑了译者在译作中的角色和地位的假设。

Jean Boase-Beier（2006/2011）在《翻译文体学研究》（*Stylistic Approaches to Translation*）中借用Booth隐含的作者的观点，提出隐含的译者这一说法。她强调，译者的文体选择是“有动因的选择”（2006/2011: 4）。这个观点与Vinay和Darbelnet（1958）提出的“文体是译者的选择”说法颇为相似。因为翻译研究不能只考虑原文文体或只考虑译文文体，Boase-Beier（同上：5）提出翻译文体考察的四个角度：

（1）作为表达原作者的选择的原文文体；

（2）对读者（以及作为读者的译者）产生影响的原文文体；

（3）作为表达作者（即译者）选择的目标文本之文体；

（4）对读者产生影响的目标文本之文体。

Boase-Beier更加关注的是（2）和（3），也就是译者从原文中看到的文体和译者在翻译中转换的文体。认知文体学解释了大脑结构如何影响文体的生产和理解，在文本阅读和理解的研究中起到了很大的作用（Stockwell, 2012: 15）。Boase-Beier在书中指出，如果说作者的选择可以通过认知文体学的理论进行分析，那么译者的选择也可以应用认知文体学来分析。Boase-Beier以诗歌翻译为例，讨论了认知文体学研究中的歧义、象似性、隐喻和前景化在原文与译文比较研究中的应用。

语言学派的翻译研究突破了传统翻译研究侧重原作对译作的主导观点，认识到了译者的翻译文体并非原作文体在译文形式上的重复，而是译者为了满足不同目的、需要和条件的多元复合的文体形式。在译作形成的过程中，原作只是翻译文体的一个主要制约因素。在分析翻译文体的特征时，采用比较原作和译作的方法，讨论翻译文体与原文文体之间的异同，从而为解释翻译现象提供了另外一个切入的视角。

2.2.3 语料库翻译研究与译者文体

2.2.3.1 译者文体特征

在语料库翻译学研究的课题中，译者文体研究是其中一个非常重要的理论课题。译者文体研究最早始于 Mona Baker（2000）在 *Target* 上发表的文章《文学译者的文体研究方法》（“Towards a Methodology for Investigating the Style of a Literary Translator”）。在这篇文章中，Baker 首先认为，正如文体是作者的“指纹”（thumbprint）一样，译者也有自己的“文体”，也有自己的指纹。这个指纹在译作中表现为译者的语言性和非语言性特征。为了证实这一假设，Baker 应用 TEC（Translational English Corpus）语料库从标准类符 / 形符比（STTR）、平均句长以及报道动词 SAY 的使用三个方面对比了 Peter Bush 和 Peter Clark 两位译者的译文，研究发现：

（1）Clark 文本的 STTR 较低，每个文本的 STTR 之间的差异较小，而 Bush 的文本间差异较大；

（2）Clark 文本平均句长较短，文本间的句长差距较小；

（3）报道结构上，Baker 比较了 SAY 的不同形式的使用情况，发现 Clark 的文本中 SAY 的使用更频繁，多用过去时态和直接引语；Bush 的文本中，SAY 多用现在时态和间接引语；Clark 倾向于用状语修饰报道动词，着意刻画说话人说话时的方式和状态。Bush 倾向于使用“as X said/say”，强调观点或话语内容的发出者。通过比较“say that”和“say zero”（即省略 that）的两种形式在 Bush 译文文本中的表现特征，发现 Bush 用了更多的“say zero”结构。

研究结果表明，虽然原作不同，但译者在译作中的确具有一致和稳定的文体特征，从而验证了研究最初的关于译者有指纹的假设。Baker 的研究具有特殊的意义。在 Baker 的研究之前，专门针对“译者文体”的研究并未形成方法论意义上的成果，因此，Baker 的研究可以说在这个研究领域里开辟了先河，创建了具有独特内涵的“译者文体”研究框架。Baker 倡导的基于语料库的译者文体研究有三个特点：

（1）目标文本导向。译者文体研究中，目标语文本整体是分析的焦点，分析过程通常忽略对应的原文本；

（2）译者下意识的语言行为。译者文体考察的各类特征是译者下意识或习惯性选择的结果，而非针对原文本的有意识反应的行为；

（3）区别性。数据统计分析的结果能将该译者的文体与其他译者区分开来（黄立波、王克非，2011）。

在 Baker 研究的基础上，译者文体研究逐渐展开，并产生了两个不同的研究方向。国外的研究以 Baker 最初的研究为基本思路，旨在探索译者的指纹，即译者在译作中留下的独特语言使用模式；国内研究则采用了更加开放的视野，扩大了译者文体的概念，丰富了译者文体研究的范畴，尤其是 Baker 研究中提到的非语言性译者文体特征的分析。

Dorothy Kenny（2001）调查了现代德语小说在翻译中打破常规的语言情况。她使用德语的参照语料库（Mannheim Corpora）调查了德语原文中的罕见词（hapax legomena），确认作者独有的罕见词后，她比较这些罕用词在相应的英语译文中的使用情况，并且在 BNC（British National Corpus，即英国国家语料库）中查找这些词汇。研究的结论认为，创造性的词汇常规化在不同的译者那里有不同的表现（同上：210）。这个结论也验证了译者文体（或译者指纹）的客观存在。

Maeve Olohan（2004）在《翻译研究语料库入门》（*Introducing Corpora in Translation Studies*）中对译者的无意识文体特征和有意识的翻译干预进行了基于语料库的案例调查。Olohan 指出，影响译者文体的因素包括文化中介的需要、读者的期望、意识形态以及编辑的修改等。Olohan（2004: 160-167）的第二个案例更加有成果，通过应用 WordSmith Tools（Scott, 2003），分析 Lawrence Venuti 从意大利语译入的译文关键词，并与 BNC 的小说子库中的关键词进行比较。研究发现，尽管大多数常用关键词与特定文本的主题相关，但考虑到 Venuti 所声称的复古翻译目标，Olohan 辨认出某些词汇在翻译中格外显著，它们包括“wherein”“yet”“towards”“nor + 主谓倒装”和借用词（如 adieu）。Winters（2007: 423）使用语料库工具分析了 F. Scott Fitzgerald 小说《美与丑》（*The Beautiful and Damned*）的原文和两个德译本中言语行为报道动词的使用情况，从报道动词的类型和使用频率上进行了比较。研究发现，Oeser 的译文中某个报道动词重复率高，报道动词的翻译与原文更加接近，Orth-Guttmann 的译文倾向于明晰化。

Gabriela Saldanha（2005）探索了翻译文体的研究方法，通过对比 Margaret Jull Costa 和 Peter Bush 的翻译语料库，选取“强调性斜体”和“外国词汇与明晰化”两个视角，分析了两位译者各自的文体特征。结论认为，译者在译文中有一贯的文体特征，这个特征与所译文本的差异无关。形成译者这种文体的原因在于译者对读者的期待和明晰化翻译的策略。Saldanha（2011）正式提出了“译者文体”概念，区分了“翻译文体”（translation style）和“译者文体”（translator style）两个概念，指出前者将文体视为目标文本对原文本的应对方式，而后者则是译者特有的表达方式，并且在原文本不同的情况下也会保持一致。

国外的语料库译者文体研究遵循 Baker 的研究方法，采用译作取向的研究方法，强调对译者文体的语言特征进行分析。国内的研究在最近五年有比较显著的增长，以典籍翻译为研究的主要背景，关注译者的文体特征，研究不仅考虑译作取向的语内比较，更看重原作取向的语际比较。

在国内的研究中，译出方向的《红楼梦》翻译语料库研究成果丰硕，研究以译者文体为核心，从习语（刘泽权、朱虹，2008）、叙事标记语（刘泽权、田璐，2009）、报道动词（刘泽权、闫继苗，2010）、总体用语特征（刘泽权、刘超朋、朱虹，2011）、叙述视角（刘泽权、古香娜，2013）、强调斜体词（刘泽权、侯羽，2013）和译者身份识别（张丹丹、刘泽权，2014）等角度展开。

译入方向的莎士比亚戏剧翻译也是系列研究中成果较为突出的案例。研究的角度包括“把”字句（胡开宝，2009）、程度副词（胡开宝，2014）、“Lord”人际意义（胡开宝、毛鹏飞，2015）、“good”评价意义（胡开宝、马秀其，2015）、AABB 式叠词应用（孟令子、胡开宝，2015）、“使”字句（胡开宝、崔薇，2016）等。

以上研究以期刊论文的形式系列发表，在专著中，原作取向研究主要有以下案例：

冯庆华（2010）采用了原作取向的比较，以霍克斯和闵福德的《红楼梦》译本为研究对象，参照了杨宪益、戴乃迭的译文，从辞格翻译、文化词汇翻译、英语习语应用、译文词频四个角度进行了比较。研究发现，霍译语言丰富、词汇量大、口语体和书面体泾渭分明，展现了译者的母语对译文文体的影响。

王青（2011）以萧乾译文、金缇译文、萧乾原创文本、《尤利西斯》原文为语料，自建《尤利西斯》汉语翻译语料库，依照 Leech 和 Short（1981）

提供的核对清单，从词汇、搭配、句法和修辞四个层面研究作者的文体。研究考察了《尤利西斯》的语言所体现出来的乔伊斯的艺术动因及其在译作中的再现。研究在词汇层面上探讨译作与原作的词汇多样性问题；在创造性搭配的层面上，以乔伊斯在《尤利西斯》里所使用的 LAUGH，SMILE 和 SAY 三个词汇为例进行了译文比较；在句法层面上，比较了复杂句式，不合句法的结构以及从句的位置；在个性化人物言语修辞方面，考察了译者是否向读者传达了小说人物的个性化言辞。

原作取向的研究采用语际比较的方法，以翻译文体学研究为框架，落脚在译者文体差异上。译作取向的研究采用语内类比的方法，以译者研究为背景，突出翻译文体特征与译者个体差异的关系。

译作取向的研究案例主要有：

董娜（2010）通过自建的林语堂翻译语料库比较 TEC 和林语堂翻译语料库，分析了译者的语言性痕迹和非语言性痕迹。研究发现，林语堂译文体现出文化和语言杂糅的文体特征，而这种特征正是译者自身文化身份杂糅性的体现。

周小玲（2011）研究了理雅各的译者文体，参照辜鸿铭译本，从微观层面考察了形符数、类符数、类符 / 形符比、平均词长、平均句长、平均段长、词频、词汇密度、语篇连贯、叙事方式等；中观层面主要考察反映理雅各个人修养、翻译观念、翻译策略的语言要素，如主题词、高频词、特色词、独特词，译者所添加的副文本（如注释、序、跋等），以及译文中的核心文化词、习语、特殊句式、修辞格等的处理模式；宏观层面主要从源语文化语境和译入语文化语境出发探讨意识形态、社会规范、文学观念以及读者期待等因素在译者文体中的反映。研究发现，理雅各的译文具有鲜明的个性特点，体现了其学者型、研究型的译者文体特征。译者文体的形成与其个人的学识修养以及特定的历史文化语境紧密相连。

卢静（2013）基于《聊斋志异》的几个主要英文选译本的语料库，对译文语言特征、非语言特征和影响文体的因素三个方面，历时和共时地比较了译本。作者认为，历时上的译者文体差异受到译者所处历史语境的影响；共时上的译者文体差异受到译者文化身份和文化传播策略的影响。

霍跃红（2014）基于自建的典籍英译语料库，将语料库翻译文体学的翻译文体研究和译者文体研究的理论与方法分别应用于研究伪译本识别和文本译者识别的研究中去。

卢晓娟（2015）比较分析了鲁迅小说的三个译者的译者风格。研究采用了语内类比的方法，比较了三个译者译作的语言特征和翻译策略；采用了语际对比的方法，比较了原文和译文的词性。通过比较总结三位译者各自的语言特征、翻译策略及翻译风格，从文本的制约性、认知与译者个体差异三个方面总结了翻译风格的成因。

此外，在翻译文体学的理论和方法研究方面，黄立波（2009）建构了“翻译文体分析框架”，划分了翻译文体学研究的两种模式，将文体描写参数分为语言形式参数和文学叙事参数两大类（黄立波、朱志瑜，2012: 106），应用叙事学理论对双语平行语料库进行实证考察（黄立波，2011）。

以上分析表明，语料库翻译学视角下的译者文体研究与传统译学和语言学翻译研究既有相似之处，也存在明显差异。相似之处表现为语料库翻译学通过翻译文体研究和译者文体研究两个领域，结合了语言学和传统译学的研究成果，具有跨学科特征。明显差异表现为语料库翻译学侧重客观数据的获取，研究以定量分析为主要方法，通过宏观的统计特征的描写，辅以微观的案例佐证，从而得出更加客观可靠的分析结果。

语料库翻译学研究中的译者文体研究从最初的基于语料库的单一模式向基于语料库与语料库辅助的混合模式转变，表现出译者文体研究从甄别译者身份为主要目的向比较译者在翻译活动中的选择及其制约因素转变。在这一发展的趋势下，译作取向的译文间比较模式与原作取向的原作和译作比较相互交叉，从而将语料库翻译学领域下的译者研究推向了译学研究，乃至译者研究的多特征、多维度的发展路径。

2.2.3.2 译者文体成因

关于译者文体的形成原因，Baker（2000）提出了三个因素：译者所处的环境、译者对目标读者的期待以及文本自身的特征。

Saldanha（2005: 177）认为，译者文体体现了译者的调节（mediation），译者文体的动因有四种类型：

（1）译者的背景，即译者的成长和受教育经历；

（2）社会文化背景，如社会对某种源语作品的需求、译作的版权、翻译合同等；

（3）翻译的社会规范，如简明文体、透明译文、译作地位、译作评价等；

（4）译者的翻译观，如译者对异化和归化的看法、译者的主体性、翻译是否妥协、对读者的预期等。

胡开宝（2011: 116）将译者文体成因分为三类：第一类为译者自身因素，分为译者的翻译目的、对译本读者的判断、译者的认知能力和译者的个性等因素，译者自身因素决定了译者的翻译策略；第二类为目的语文化因素，包括译者所处具体历史时期的社会意识形态、审美观和翻译规范等因素；第三类为源语和目的语语言文化之间的差异。

董娜（2010: 87-99）将解释机制分为两类，一类是译者外部制约因素，包括两种文化间的差异、两种意识形态的差异、两种诗学的差异、赞助人对译者的制约和译作的目标读者；另一类是译者个人因素，包括译者的文化取向、译者的翻译目的及译者的文化背景。

周小玲（2011: 34）提出了从微观、中观和宏观三个层面探讨影响译者文体形成的因素：微观层面包括译者的语言表达习惯；中观层面包括译者自身的审美修养、翻译观念、翻译目的、翻译策略等；宏观层面包括译者所处社会历史文化语境中的意识形态、文学观念、翻译规范以及读者期待等。

卢晓娟（2015: 181）认为，文本特点是译者文体重要的影响因素之一，其次是译者的认知水平，再次是译者的个体差异和译者的主体性。

结合以上分析可以看出，在翻译过程中，原作、译者、读者是构成翻译流程的三个重要的元素，语言差异、文化差异、社会历史等则是译者在翻译过程中所处的大环境。将这些因素综合考虑后，笔者认为，对译者文体成因的分析需要考虑“译者文体”的组成结构。译者文体是译者无意识语言选择和有意识语言选择的结果，前者表现为译者独特的语言使用偏好，受译者自身语言能力、文学修养、审美情趣等因素的制约；后者表现为隐性的翻译策略和显性的副文本，受外部因素的制约。因此，译者文体的成因应该从内外两个因素来综合考察，即译者自身因素和外部客观因素。

2.3 语料介绍

2.3.1 《世说新语》及其翻译

《世说新语》产生于刘宋时代，原名《世说新书》，简称《世说》，到唐宋时代才称《世说新语》。原书八卷，今本作三卷，共36门①。书中所记为东汉末年至刘宋初年士人群体的思想情感和生活习尚。《世说》成书以来，历代学者对其皆有极高的评价。宋刘应登称其“清微简远，居然玄胜……有味有情，咽之愈多，嚼之不见。”（《刘应登序》）明袁褧谓之“简约玄澹，尔雅有韵。”（嘉趣堂本《世说新语序》）胡应麟谓之“读其语言，晋人面目气韵，恍忽生动，而简约玄澹，真致不穷。”（《少室山房笔丛·九流绪论下》）王世贞云，“至于《世说》之所长，或造微于单辞，或征巧于只行，或因美以见风，或因刺以通赞，往往使人短咏而跃然，长思而未罄……私心好之，每读辄患其易竟。”（《世说补序》）鲁迅（1981：61-62）赞其“记言则玄远冷隽，记行则高简瑰奇。”

《世说》的作者，一般认为是南朝宋临川王刘义庆。刘义庆（403—444）是南朝宋彭城（今江苏徐州）人，移居京口（今江苏镇江）。父亲刘道怜是宋武帝刘裕之弟，封长沙王。刘裕幼弟道规无子，以义庆为嗣。刘道规在东晋时历任荆州刺史。刘宋建国，追封为临川王，刘义庆袭封。刘义庆一生的主要活动时间在宋文帝刘义隆元嘉年间：元嘉六年（429）为尚书左仆射、丹阳尹；元嘉九年（432）为荆州刺史，在任八年；元嘉十六年

① 德行第一、言语第二、政事第三、文学第四、方正第五、雅量第六、识鉴第七、赏誉第八、品藻第九、规箴第十、捷悟第十一、夙惠第十二、豪爽第十三、容止第十四、自新第十五、企羡第十九、术解第二十、巧艺第二十一、宠礼第二十二、任诞第二十三、简傲第二十四、排调第二十五、轻诋第二十六、假谲第二十七、黜免第二十八、俭啬第二十九、汰侈第三十、忿狷第三十一、谗险第三十二、尤悔第三十三、纰漏第三十四、惑溺第三十五、仇隙第三十六。

（439）为江州刺史，直到病故。鲁迅在《中国小说史略》[①]（1998/2001）里提到：“《宋书》言义庆才词不多，而招聚文学之士，近远必至，则诸书或成于众手，未可知也。”根据《宋书·临川烈武王道规传》附《刘义庆传》载：“太尉袁淑，文冠当时，义庆在江州，请为卫军咨议参军；其余吴郡陆展、东海何长瑜、鲍照等，并为辞章之美，引为佐史国臣。”周一良[②]（2006）认为，《世说》“是否由刘义庆亲自执笔，尚不敢肯定。但至少在他的领导之下编纂而成，这是可以肯定的。”综上，《世说》的作者虽不能确定就是刘义庆，但至少由刘义庆编撰的说法是肯定的。

关于《世说》的版本，南朝至隋唐五代的传本今已绝世，宋本《世说新语》保存于日本金泽文库（范子烨，1998：211），后经罗振玉（1866—1940）整理得以与世人见面，名为《唐写本〈世说新语〉残卷》（1916）。据刘强（2007）在《〈世说新语〉会评》《例言》中的统计，到民国六年，至少有14种版本。新中国成立以来，出版了一系列质量较高的《世说》版本，如中华书局出版的杨勇《世说新语校笺》（1969），上海古籍出版社出版的余嘉锡《世说新语笺疏》（1983），中华书局出版的徐震堮《世说新语校笺》（1984），上海古籍出版社出版的朱铸禹《世说新语汇集校注》（2002）等。

《世说》的笺注蔚为大观，敬胤注《世说》现存41条。刘孝标注《世说》为“四大古注”之一。罗国威（1992：3）在张永言《世说新语辞典》序中总结了刘孝标注释的特征：“引事以补正文之不足，引类似之事以补充正文，注文与正文相映成趣，辨证正文的真伪错讹。”除刘孝标注外，还有杨勇（1969）的《世说新语校笺》，王叔岷（1976）的《世说新语补正》，余嘉锡（1983）《世说新语笺疏》，徐震堮（1984）的《世说新语校笺》。

《世说》难懂难译令人望而却步。1948年，法国著名汉学家埃蒂安·白乐日（Etienne Balazs, 1905—1963）在《亚细亚研究》杂志第二期上发表了一篇题为《在虚无的反叛和精神的逃避之间》的文章。他预言，由于

① 《中国小说史略》原为鲁迅先生在北京大学授课时的讲义，后经修订增补，先后于一九二三年、一九二四年由北京大学新潮社以《中国小说史略》为题分上下册出版，一九二五年由北京北新书局合印一册出版。一九三一年北新书局出修订本初版。

② 本文原是周一良先生生前受日方之邀，于1982年10月2日在东方学会所作的日文演讲。由夏应元翻译整理。

《世说》里的某些描述具有相当强的私人性质和隐秘特性，它将在很长一段时间内不会被译成西方语言（引自马瑞志，范子烨译；2002: 44）。1974年，比利时高级汉学研究所研究员布鲁诺·贝莱佩尔（Bruno Belpaire）发表了他的法语全译本《世说新语》（*Anthologie chinoise des V et VI siècles: Le Che-chuo-sin-yu*），打破了这一局面，为《世说》译介做出了重要贡献。但是由于《世说》是一部我国中古文化具体而微的百科全书，其文化背景非常复杂，这也决定了贝莱佩尔必然遭遇重重障碍而多有谬误。1976年，马瑞志独自完成《世说》及刘孝标《注》的翻译，由明尼苏达大学出版了全译本，2002年由密歇根大学再版。2007年，“大中华文库”出版了《世说》汉英对照版。全书内容包括古汉语原文，现代汉语译文和马瑞志的英译文。

2007年，“大中华文库”出版了由杨宪益，戴乃迭英译的《汉魏六朝小说选》，收入《世说》中19篇短文。目前，马译本仍是《世说》的唯一全译本。马氏译本的原本采用杨勇《世说新语校笺》（1969）中的原本。马氏不仅全文翻译了原本，还翻译了刘孝标《注》的大部分内容。此外，马氏还参考了杨勇的《校笺》，日本学者古田敬一的《世说新语校勘表》（1977）（引自范子烨，1988: 212）等学者的相关研究成果，为《世说》译文增添了大量脚注和附录。

《世说》在现代日语中，有大村梅雄（1959）译本；川胜义雄（1964）译本、森三树三郎（1969）译本和目加田诚（1975—1977）译本。（引自王能宪，1992）

2.3.2 《汉魏六朝小说选》及其翻译

鲁迅先生在《中国小说史略》中，曾把唐代以前的小说称为“古小说”。古小说在我国小说史上，就是汉魏六朝志人志怪小说，是文言小说的初期形态。魏晋南北朝时期是我国古代小说的萌芽时期。这一时期的小说数量较大，作家众多，以“志人”和“志怪”小说的影响最大。“志人”小说主要记述人的琐事轶闻，“志怪”小说多记神仙鬼怪之事。

志怪小说保存下来的作品有三十多种，其中比较重要的有：托名汉东方朔的《神异经》《十洲记》，托名郭宪的《汉武洞冥记》，托名班固的《汉武帝故事》《汉武帝内传》，刘向的《列仙传》，托名曹丕（一作张华）的《列异传》，还有晋张华的《博物志》、王嘉的《拾遗记》、荀氏的《灵鬼志》、干宝的《搜神记》、葛洪的《神仙传》、托名陶潜的《搜神后记》、宋王琰的《冥祥记》、刘义庆的《幽明录》、梁吴均的《续齐谐记》、北宋颜之推的《冤魂志》等（李献芳，2003: 14）。

志人小说主要记述人物的轶闻琐事。魏晋志人小说最早有托名刘歆的《西京杂记》，东晋裴启的《语林》，后来有郭澄之的《郭子》、刘义庆的《世说新语》、梁沈约的《俗说》、殷芸的《小说》等，这些书大都散佚，比较完整流传至今的只有《世说新语》。

《汉魏六朝小说选》取自汉魏六朝小说作品，包括：《燕丹子》《汉武故事》《列异传》《搜神记》《神仙传》《博物志》《灵鬼志》《搜神后记》《齐谐记》《幽明录》《世说新语》《妬记》、《录异传》《续齐谐记》《述异记》《冥祥记》《冤魂志》《洛阳珈蓝记》。杨宪益、戴乃迭夫妇共选取其中 90 篇译为英文。

该书首次出版于 1958 年，再版于 2001 年，最新的汉英对照版出版于 2006 年。与《汉魏六朝小说选》类似的其他汉魏六朝小说选译本还有：1909 年河间府天主教会印刷所出版的法文版《中国民间故事选》（译者：L. Wieger）；1919 年由 Jena Diedhriche 出版社出版的德语版《中国神话故事选》（译者：R. Wilhelm）；1922 年由伦敦 G. G. 哈拉布公司出版的英语版《中国神话与传说》（译者：W. T. C. Werner），以及 1981 年莫斯科国家文学出版社出版的俄语版《紫玉——汉魏晋六朝小说选》（译者：李福清）。

2.4 本章小结

本章首先界定了研究的基本概念，指出译者声音与译者文体的关系，区分了 Translator’s Style 的两种汉语译文，明确了译者文体的概念。其次以翻译文体为核心，对相关研究文献进行了梳理。在传统译学研究中，原作的地位高于译作，因此原作的文体风格决定了译作的文体风格，是评价译作优劣的标准之一。在语言学视角下，文体学和叙事学的发展也促进了翻译研究向语言分析侧重。翻译文体研究采取了对等的模式，从形式和功能上区分了不同层面的文体翻译现象。真正将译者和译作置于研究中心的是语料库翻译学研究，译者和译作的文体可以从译作导向和原作导向两个角度展开，前者体现了文体学传统中的独特语言特征识别，后者体现了翻译文体学研究强调的原作参照和译作调适特征的分析。最后，本章介绍了研究对象的翻译和研究情况，对《世说新语》和《汉魏六朝小说选》的汉语原文在中国文学史中的地位、特征、翻译成外语的情况进行了综述。

3 语料库建设与检索

语料库（corpus/corpora）一词来源于拉丁语，本意为 body。McEnery 与 Wilson（1996: 87）认为语料库是经过仔细抽样，能够最大限度地代表一种语言或语言变体的文本集合。Leech 认为语料库是“存储于计算机上的大量文本”（1992: 106）。Meyer 认为语料库是“可以用计算机读取的用于语言分析的文本集合”（2002: xii）。Bowker 和 Pearson 认为语料库是根据某种标准收集起来的电子格式的原创文本的大型集合（2002: 9）。Baker 认为语料库是能够用多种方式自动或半自动分析的以机器可读格式存储的文本的集合。梁茂成、李文中和许家金认为语料库是一个“按照一定的采样标准采集而来，能够代表一种语言或者某一种语言变体的电子文本集”（2010: 1）。根据他们的定义，语料库具有的特征可分为四个：语料库规模、文本类型 、存储介质以及录入标准。尽管不同学者对语料库的定义侧重点不同，但可以看出，语料库的研究用途决定了语料库的规模、文本类型，以及语料录入的标准。

语料库可按照语料库中收录语料的种类，分为单语语料库和双语 / 多语语料库。双语 / 多语语料库指两种或两种以上语言的文本构成的语料库。双语 / 多语语料库又可分为三种形式：平行 / 对应语料库 、类比语料库和翻译语料库（王克非，2004: 6）。在译者文体研究的框架中，我们主要用到了单语语料库、平行语料库和类比语料库。

（1）单语语料库。单语语料库收集的语料是单一的语言。对于翻译研究而言，单语语料库可用于语内类比研究。语内类比研究通常比对两个单语语料库。

（2）平行语料库。“双语语料的平行对齐是指某一语言的文本单位与另一语言的文本单位形成翻译关系或对应关系，具体表现为篇章、段落、语句和词汇等四个层面。一般说来，实现篇章和段落层面平行对齐的难度不大。不过，语句层面的对齐要困难得多。在具体翻译实践中，一个源语文本语句往往译作多个目的语语句，多个源语文本语句有时译作一个目的语语句。而词汇层面的对齐几乎难以实现，因为词汇的翻译灵活多变”（胡开宝，2012：383）。翻译研究中常常用到的平行语料库由原文及其在另一种（或多种）语言中的翻译文本构成。平行语料库必须在一定层面上对齐，这种对齐可以是词级、句级，也可以是段落级、语篇级。对齐可以采用计算机辅助翻译工具，如 Déjà Vu 或 Trados 来自动完成，也可以使用专业的对齐工具，如 ABBYY Aligner。对齐后的平行语料库可用于翻译实践、翻译教学和翻译研究。

（3）类比语料库。类比语料库包括的子语料库代表同一语言的不同种类，例如国际英语语料库（ICE），Brown，LOB，Frown，FLOB 等（肖忠华，2012: 10）。译文单语语料库与类比语料库的某种文本类型的子库比较，可以考察译作对目的语读者阅读能力的预期。

3.1 语料库的设计

本研究建设了两个单语语料库和一个平行语料库，使用了一个类比语料库。下文详细介绍语料库的设计、库容和结构。

3.1.1 单语语料库

语料的可比性是对不同语言或语言变体进行比较分析时所依据的共同标准，是建设可比语料库的关键所在。Baker (1995: 223-43) 指出，可比性是指两组语料或两个语料库在译者性别、翻译方向、语料体裁、时间跨度、作者性别和目标读者等方面有类似特征。根据 Laviosa (1997: 289-319) 的观点，语料可比性包括的标准主要为：翻译方式、翻译方法、翻译方向、源语语言、文本的出版现状。她还指出语料库设计的一些常规标准也可视为可比性的标准，如全本收录和抽样，以及共时和历时等。Olohan（2004：42）认为翻译语料和原创语料之间的可比性标准包括篇章种类、库容大小、语料发表或出版的时间跨度、男性作者和女性作者之比、以及单个译者与集体译者之比。上述可比性标准较为准确地勾勒了分析翻译语料和非翻译语料所依据的参照点或框架，对于可比语料库的建设具有指导意义。

胡开宝（2012：383）认为，这些标准的划分不够严密，事实上，可比性标准可分为语外标准和语内标准。前者包括语料出版时间及时间跨度、语料的影响力、作者或译者的性别及其影响力。后者包括语料库的库容、语料的题材和体裁、语料的翻译方向和翻译方式、以及语料的收录方法等。

本研究所建的两个单语语料库从原文角度来看，原文语料创作时间接近，都是魏晋南北朝时期；语体上都为古小说；原文内容不完全重合，《汉魏》中选取了《世说》的部分章节，二者既有交叉，又有差异。从译文角度来看，马氏译文首次出版于1978年，杨氏夫妇译文首次出版于1958年，前后相差20年。但马氏翻译《世说新语》始于1957年，因此实际的翻译活动所处的时间阶段非常接近；从译者角度来看，马氏是美国现当代中古史研究领域的专家，他不仅翻译了《世说新语》，还翻译了《吕光传》(1959)以及永明体诗歌（2003）。杨氏夫妇在我国翻译史上译作等身，无人可及，不论是译作质量还是国学造诣，都令人高山仰止，难以企及，在我国译界享有极高的声誉。

综上所述，两个译作具有较高程度的可比性，既可以展开译作导向的比较，抛开原文内容和形式的制约，分析译者的独特语言使用习惯，也可以基于相同的原文，展开译作之间的比较，观察译者的策略差异。

单语语料库是马瑞志《世说新语》译文语料库（简称：MTC）和杨宪益、戴乃迭《汉魏六朝小说》译文语料库（简称：YTC）。两个语料库在总的形符上存在一定的差异，因此在研究过程中对检索结果进行了标准化处理[①]，以克服语料库总形符的差异对可比性的干扰。

---

① 见本书4.1.2。

表 1　本研究单语语料库基本信息

语料名称	译者	形符
《世说新语》 (*A New Account of Tales of the World*)	马瑞志	109358
《汉魏六朝小说选》 (*A Man Who Sold a Ghost, Chinese Tales of the 3rd–6th Centuries*)	杨宪益、戴乃迭	38491

3.1.2　平行语料库

平行语料库是原文和译文组成的语料库。为了便于检索，还需要对原文和译文作平行处理，才能进行句子级的检索查找。在研究中，由于两个译作虽有差别，但也有交集，即《汉魏》中有部分《世说》选译，因此，建设了小型的平行语料库，将其用于原作取向的平行比较。语料库的原文是《世说》的部分章节，译作是马氏《世说》译文和杨氏夫妇《汉魏》译文中的相应内容[①]。

表 2　本研究平行语料库基本信息

类型	名称	形符
原文	《世说新语》的19篇内容	2451词
译文1	马氏《世说新语》的对应部分	3535词
译文2	杨氏夫妇《汉魏六朝小说选》的对应部分	2689词

3.1.3　类比语料库

类比语料库选择了北京外国语大学外语研究中心 Crown-CLOB 小说

① 其中选译了《世说新语》的部分章节，按照在《汉魏》中的排列顺序，分别是：《假谲》（1—5）；《容止》（1）；《德行》（9）；《汰侈》（8）；《规箴》（1）；《自新》（1）；《任诞》（46），（47），（3）；《假谲》（9）；《惑溺》（5）；《文学》（4）；《自新》（2）；《贤媛》（7）；《任诞》（30）。

子语料库。Crown 和 CLOB 语料库，是由北京外国语大学中国外语教育研究中心的许家金和梁茂成组织国内 107 所高校近 150 位教师及研究生，于 2012 年建成，其取样标准及规模与 Brown/Frown 和 LOB/ FLOB 完全一致（章柏成、许家金，2013: 43）。Crown-CLOB 结构如表 3：

表 3 Crown-CLOB 语料库库容信息（单位：词次）①

语料库	语体	子库容	总库容	语料库	语体	子库容	总库容
Crown 2009	小说	259250	1026226	CLOB 2009	小说	259489	1023466
	通用	422799			通用	421163	
	学术	163197			学术	163139	
	新闻	180980			新闻	179680	

3.2 语料库的建设

语料库建设基本分为语料整理和语料加工两个阶段。语料整理主要包括语料录入和文本去噪两个步骤。语料加工分为中文分词处理、英文词性赋码、原文与译文对齐处理等三个主要步骤。

3.2.1 语料整理

3.2.1.1 语料录入

马氏译文只有纸质版，因此在应用语料工具检索之前必须将其转换为计算机可以识别的电子文档。处理的方法分为三个步骤：扫描、识别和整理。首先将书籍扫描后生成 PDF 文件，再使用 OCR（Optical Character Recognition，即光学字符识别）软件将其转换成 TXT 格式的文本文件。所用转换工具是 ABBYY FineReader Professional。它有着标准的 Windows

① 章柏成、许家金，2013: 43.

界面，能够直接在 MS Word、MS Excel、WordPerfect 及 Word Pro 中扫描和读取文件、信件或各类表格，能保存成 RTF、TXT、DOC、CSV、XLS 或 HTML 等格式，还能保持表格与图片中原始的多栏页面设计（百度百科[①]）。

3.2.1.2 文本去噪

扫描识别产生的文本会存在不合规范的符号、格式等，这些问题直接影响了词性自动赋码的结果，从而影响检索的结果（梁茂成、李文中、许家金，2010: 32）。因此，转换为 TXT 格式的文本文件还需要进行文本去噪处理。文本中的错误主要来自威妥玛注音产生的错误识别，例如：“ü”会被识别为“ii”,“rn”会被识别为“m”等。这样的识别错误在转码后的文本中普遍存在，因此，根据具体问题的类型，应用了 Microsoft Word 中的“编辑—查找—替换”功能，批量解决同类问题。此外，英语译文中不仅有译文，还有大量的脚注，由于研究的关注点在译文而非注释的翻译，后期还进行了译文和脚注的分离处理。在文本整理过程中，使用了一款名为“文档整理器”的工具。该软件可在网络免费下载，安装后载入待检查文本文件，根据文本的实际情况，选择查找和替换来完成文本格式整理。

3.2.2 语料加工

语料库加工包括对语料进行汉语文本分词、英语文本词性赋码和原文与译文的对齐处理三步。

3.2.2.1 汉语分词

分词（tokenization）指的是将一连串字符转换成相互分离，容易识别的形符（tokens）的过程。“汉语是以字为基本的书写单位，词语之间没有明显的区分标记，因此，中文词法分析是中文信息处理的基础与关键”（刘

① 软件介绍引自“百度百科”，网页链接（2016 年 3 月 30 日）：http://baike.baidu.com/link?url=5hl98ZiyndZWswRkx28aKm4g4VyAUsKtFZtqDiGBuGB1GSVVuR3h7prFCmSKtt2BEE9F00KJMibhNK49Vbk3Wq.

克强，2009: 271）。由于研究需要使用 ParaConc 对原文和译文进行对齐和平行检索，因此必须对汉语原文做分词处理。

常用的汉语分词软件是中国科学院计算技术研究所研制的汉语词法分析系统 ICTCLAS（Institute of Computing Technology, Chinese Lexical Analysis System）。软件的主要功能包括中文分词、词性标注、命名实体识别、新词识别，同时支持用户词典。目前已经升级到了 ICTCLAS3.0。ICTCLAS3.0 分词速度单机 996KB/s，分词精度 98.45%，API 不超过 200KB，各种词典数据压缩后不到 3M，是当前世界上最好的汉语词法分析器。ICTCLAS 的奥运版可免费下载使用①。该软件以北京大学计算语言学研究所加工的《人民日报》语料库为训练语料库，基于层叠隐马尔可夫模型的汉语分词方法，是一个基于统计方法的、集成的一体化汉语词法分析解决方案（刘群，2008）。

由于本研究的汉语原文用汉魏时代汉语写成，其句法、词法与现代汉语差别较大，经过 ICTCLAS 分词后，仍然有较多的错误，如图 7 所示的分词后结果示例中，试举三例：

（1）“见地有片金”（1.11），分词后“见”和“地”成了一个词：“见地”；根据原本的意思，应分为：“见　地”，在文中“见”是“看见”，“地”是“地面上”，二者并非一个名词；

（2）“母恒使守之”（1.14），分词后“母”与“恒”成为一个词，但这句话的原意是：继母总是让他去看守。因此，“母”与“恒”并非一个词，“恒”是一个副词，修饰其后的“使守之”；

（3）“有的卢”（1.31），分词后“有的”和“卢”成为两个词。根据原文含义，“的卢”是一种特殊的马，额前有菱形白斑，因此正确的分词应该是：“有 的卢”。

基于以上三例分析，可以看出，该软件在分析古代汉语的时候并不能较好地区分单字词或特殊名词。因此，为了对原文进行字数统计和平行检索，本研究采取了“以字为汉语基本结构单位”（徐通锵，2005: 5）的观点，对汉语原文进行了以字为单位的分词处理。处理的方法是应用 Word 的“替

① 引自 ICTCLAS 安装包自带的说明文件。

代”功能，查找“^?”，并替代为“^&”，并在后面加空格。下面附图比较分词处理前的文本（图 6）、用 ICTCLAS 分词后的文本（图 7）和以字为单位的分词处理后的文本（图 8）。

图 6　未分词之前的文本示例

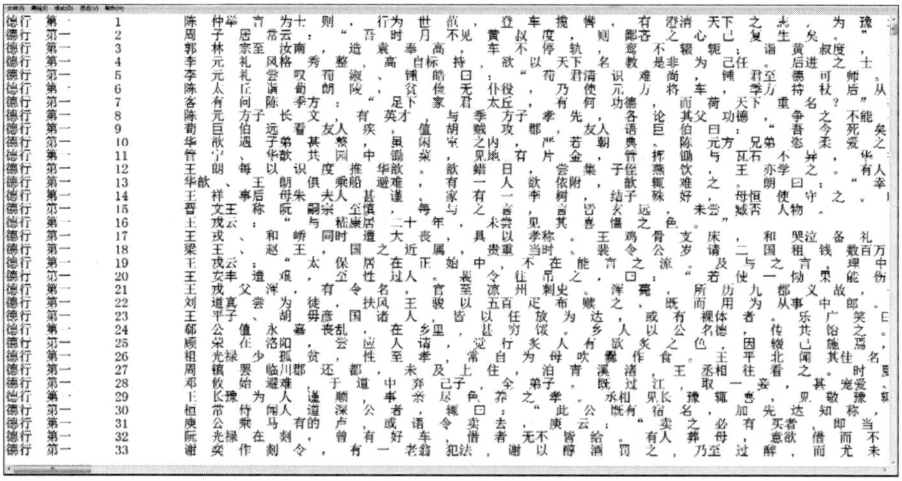

图 7　用 ICTCLAS 分词后的文本示例

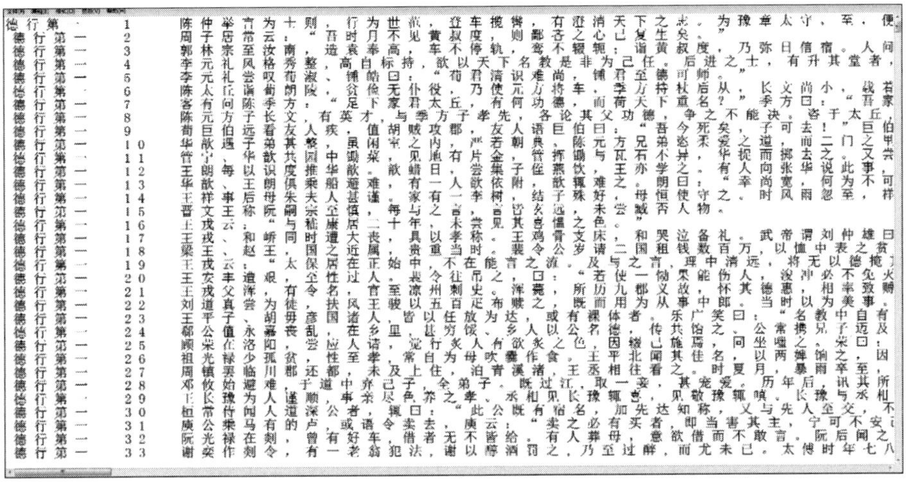

图 8 以字为单位分词后的文本示例

3.2.2.2 词性赋码

词性赋码（part-of-speech tagging）指的是根据文本中的上下文信息，自动标注文本中所有词的词性的过程。利用正则表达式可以对词性赋码语料库进行检索并从中提取各种所需信息（梁茂成，2009: 65）。本研究采用的是德国斯图加特大学计算语言学研究所（Institute for Computational Linguistics of the University of Stuttgart）Helmut Schmid 设计的自动词性赋码器 TreeTagger[①]。TreeTagger 不仅可以标注词性，还可以曲折还原以及自动断句。表 4 是曲折还原示例，图 9 是词性赋码后的文本示例。

表 4 **TreeTagger** 词性赋码与曲折还原示例

word	pos	lemma
The	DT	the
TreeTagger	NP	TreeTagger
is	VBZ	be

① 网站地址：http: //www.cis.uni-muenchen.de/~schmid/tools/TreeTagger/.

（续表）

easy	JJ	easy
to	TO	to
use	VB	use
.	SENT	.

```
Chapter_NP 1_CD Virtuous_JJ Conduct_NP 1_CD "_`` Ch'en_NP Fan_NP 's_POS words_NNS became_VVD a_DT rule_NN for_IN gentlemen_NNS
Whenever_WRB he_PP mounted_VVD his_PP$ carriage_NN and_CC grasped_VVD the_DT reins_NNS it_PP was_VBD with_IN a_DT determinatio
When_WRB he_PP became_VVD grand_JJ warden_NN of_IN Yü-chang_NP (_( Kiangsi_NP )_) ,_, the_DT moment_NN he_PP arrived_VVD he_PP
His_PP$ superintendent_NN of_IN records_NNS reported_VVN ,_, "_'' "_`` The_DT members_NNS of_IN your_PP$ staff_NN would_MD like
What_WP is_VBZ improper_JJ in_IN paying_VVG my_PP$ respects_NNS to_TO a_DT worthy_JJ man_NN ?_SENT
"_'' "_'' "_`` Chapter_NP 1_CD Virtuous_JJ Conduct_NP 2_CD "_`` Chou_NP Ch'eng_NP frequently_RB said_VVD ,_, "_'' "_'' If_IN fo
"_'' "_'' "_`` Chapter_NP 1_CD Virtuous_JJ Conduct_NP 3_CD "_'' When_WRB Kuo_NP T'ai_NP arrived_VVD in_IN Ju-nan_NP (_( Honan_N
But_CC when_WRB he_PP went_VVD to_TO visit_VV Huang_NP Hsien_NP he_PP spent_VVD a_DT full_JJ day_NN and_CC two_CD nights_NNS ._
When_WRB someone_NN asked_VVD his_PP$ reason_NN ,_, T'ai_NP replied_VVD ,_, "_'' "_'' Huang_NP Hsien_NP is_VBZ vast_JJ and_CC c
His_PP$ capacity_NN is_VBZ profound_JJ and_CC wide_JJ and_CC difficult_JJ to_TO fathom_VV or_CC measure_VV ._SENT
"_'' "_'' "_`` Chapter_NP 1_CD Virtuous_JJ Conduct_NP 4_CD "_`` Li_NP Ying_NP 's_POS manner_NN and_CC style_NN were_VBD outstar
He_PP wished_VVD to_TO take_VV on_IN himself_PP the_DT responsibility_NN for_IN the_DT Moral_NP Teaching_NP (_( ming-chiao_NP )
Among_IN the_DT junior_JJ scholars_NNS ,_, if_IN any_DT succeeded_VVN in_IN "_`` "_`` ascending_VVG to_TO his_PP$ hall_NN ,_, '
"_'' Chapter_NP 1_CD Virtuous_JJ Conduct_NP 5_CD "_`` Li_NP Ying_NP once_RB praised_VVD Hsün_NP Shu_NP and_CC Chung_NP Hao_NP ,
"_'' "_'' "_`` Chapter_NP 1_CD Virtuous_JJ Conduct_NP 6_CD "_`` Ch'en_NP Shih_NP once_RB went_VVD to_TO visit_VV Hsün_NP Shu_NI
As_IN he_PP was_VBD poor_JJ and_CC frugal_JJ and_CC had_VHD no_DT servants_NNS or_CC attendants_NNS ,_, he_PP had_VHD his_PP$ c
His_PP$ grandson_NN ,_, Ch'ün_NP ,_, who_WP was_VBD still_RB tiny_JJ ,_, he_PP had_VHD ride_NN inside_IN the_DT carriage.After_
The_DT other_JJ six_CD "_'' "_`` dragons_NNS "_'' "_`` he_PP had_VHD wait_NN on_IN table_NN ._SENT
His_PP$ grandson_NN ,_, Yü_NP ,_, who_WP was_VBD also_RB tiny_JJ ,_, he_PP had_VHD sit_VV before_IN his_PP$ knees.At_NN the_DT
"_'' "_'' "_`` Chapter_NP 1_CD Virtuous_JJ Conduct_NP 7_CD "_`` A_DT guest_NN once_RB asked_VVD Ch'en_NP Ch'en_NP ,_, "_'' "_''
"_'' "_`` Ch'en_NP replied_VVD ,_, "_'' "_`` My_PP$ father_NN is_VBZ like_IN a_DT cassia_NN (_( kuei_NN )_) tree_NN growing_VVC
T'ai_NP (_( Shantung_NP )_) ._SENT
Above_IN there_EX is_VBZ a_DT height_NN of_IN ten_CD thousand_CD jen_NNS ,_, and_CC below_RB ,_, an_DT unfathomable_JJ depth_NN
From_IN above_IN it_PP is_VBZ sprinkled_VVD with_IN sweet_JJ dew_NN ,_, and_CC from_IN below_IN it_PP is_VBZ watered_VVD by_IN
Yet_RB while_IN this_DT is_VBZ going_VVG on_RP ,_, how_WRB can_MD the_DT cassia_NN tree_NN know_VVP the_DT height_NN of_IN Mt_N
T'ai_NP or_CC the_DT depth_NN of_IN the_DT hidden_JJ springs_VVZ ?_SENT
I_PP would_MD n't_RB know_VV if_IN he_PP has_VHZ any_DT achievements_NNS and_CC virtues_NNS or_CC not_RB ._SENT
"_'' "_'' "_`` Chapter_NP 1_CD Virtuous_JJ Conduct_NP 8_CD "_`` Ch'en_NP Chi_NP 's_POS son_NN ,_, Ch'ün_NP ,_, possessed_VVD ou
Once_IN he_PP and_CC his_PP$ cousin_NN ,_, Chung_NP (_( the_DT son_NN of_IN Chi_NP 's_POS younger_JJR brother_NN ,_, Ch'en_NP )
They_PP referred_VVD the_DT matter_NN to_TO their_PP$ grandson_NN Ch'en_NP Shih_NP ,_, who_WP replied_VVD ,_, "_'' "_`` It_PP '
"_'' "_'' "_`` Chapter_NP 1_CD Virtuous_JJ Conduct_NP 9_CD "_`` Hsün_NP Chü-po_NP had_VHD come_VVN from_IN a_DT distance_NN to_
It_PP happened_VVD just_RB then_RB that_IN/that Hu_NP bandits_NNS attacked_VVD the_DT commandery_NN ._SENT
The_DT friend_NN said_VVD to_TO Chü-po_NP ,_, "_'' "_`` I_PP 'm_VBP going_VVG to_TO die_VV now_RB ,_, anyhow_RB ._SENT
```

图 9　**TreeTagger** 自动词性赋码后的文本示例

通过使用 TreeTagger 对英语文本进行词性赋码，可用于统计文本中不同词性的频数。TreeTagger 赋码后生成的文本文件需要修改后缀名，将 POS 改为 TXT 即可打开。打开后可以看到，在原来文本中的每个单词后面增加了“_”符号和一些大些的字母组合，例如：“_NP”、“_JJ”等，这些符号就是文本中词汇的词性代码，是对词汇的词性的注释。研究者可以通过查阅 TreeTagger 词性赋码表（见附录一），用来观察文本中的词性分布情况，或检索某种词性的搭配能力。

3.2.2.3　对齐处理

在翻译的语境下，对齐（Alignment）是指“将原文的某个部分与译文某个部分相互关联的过程”[①]（Ahrenberg, 2015: 395）。对齐也可以指对齐操作后生成的对齐文件。对齐的目的是研究原文与译文之间的对等或照应的关系。对齐的层面根据研究的需要有所不同。句子级的对齐是最常见的对齐方式。对齐可以使用软件来辅助完成，如计算机辅助翻译软件 SDLTrados, Déjà Vu 等，这些软件有集成的对齐模块，可以实现自动句子对齐，而且还可以进行调整和修改；此外，专门的对齐软件如 Abbyy Aligner 也可以实现自动句子对齐和调整。对齐后的原文和译文能够在平行语料库检索平台上实现双向译文查找和分析。

3.3 检索与统计工具

研究使用的检索与统计工具主要分为语料库检索工具和统计分析工具两类。语料库检索即应用语料库检索工具，对处理完的语料库数据进行搜索的过程。语料库检索工具种类多样，分为单语库检索工具和双（多）语库检索工具，但在选择上仍然以研究的目的为基本原则。

根据本研究的需要，在进行译作取向的比较时，由于比较对象都是英语，因此，选择了用于单语语言特征检索和统计的常用工具 WordSmith Tools 和 BFSU PowerConc。原文导向的比较涉及两种语言，考查原文参照下的译文之间的差异和相似之处，因此，采用了可用于检索平行文本的检索工具 ParaConc 和 BFSU ParaConc。

3.3.1 检索工具

3.3.1.1 WordSmith Tools

WordSmith Tools 是一款专业的语料库处理软件，由利物浦大学的 Mike Scott 编写，1996 年牛津大学出版社出版发行。本研究所用 5.0 版本是2007年发布的版本。WordSmith 主要具备三大功能：检索（Concordance）、

① 原文："In the context of translation, alignment refers to a process of relating parts of a source text to parts of a target text."

单词列表（Word List）、主题词统计（Keyword List）。

（1）检索。检索功能是 WordSmith 最主要、最常用的功能，其主要作用是查询和统计某个或某些词汇或短语在指定文本中出现的频数。

（2）单词列表。单词列表功能主要用来创建语料库中词汇使用频率列表，确定哪些词汇或词块（clusters）是最常用的，而另外哪些则相对比较少用。应用 WordSmith 5.0 的单词列表功能，可以生成语料库的词汇列表。该列表可以按照词汇的频率排列，并统计词表中的形符、类符、类符 / 形符比、标准类符 / 形符比、平均词长和平均句长等。

（3）主题词。主题词是研究文本内容和文本语言特征差异的重要手段，主题词指频率显著高于或显著低于参照语料库中对应词的频率的那些词汇（王立非、梁茂成，2007）。使用主题词功能，首先要使用单词列表功能，分别生成并保存参照语料库和观察语料库的词表，然后打开主题词模块，导入两个词表，即可生成观察语料库的主题词表。WordSmith Tools 5.0 的主界面如图 10：

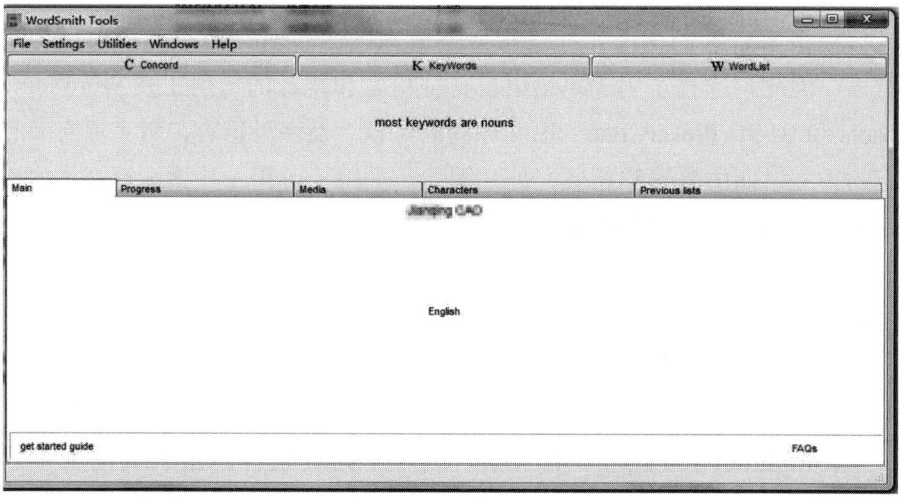

图 10　WordSmith Tools 5.0 的主界面

3.3.1.2 BFSU PowerConc 1.0

该软件是由北京外国语大学外语教育研究中心许家金教授、梁茂成教授和贾云龙一起开发的。BFSU PowerConc① 是第四代语料库检索工具，使用 Delphi 语言开发，支持 Windows 操作系统。与以往的语料库工具相比，具有支持多种语言及格式的语料，支持 R-gram，支持 Smart input 语法，支持基于文件或文件分组的分布统计。BFSU PowerConc 使用 Smart Input 语法，可以计算标注过词性的语料中不同词性的分布频率，从而计算语料库的词汇密度（许家金、贾云龙，2013）。检索界面如图 11：

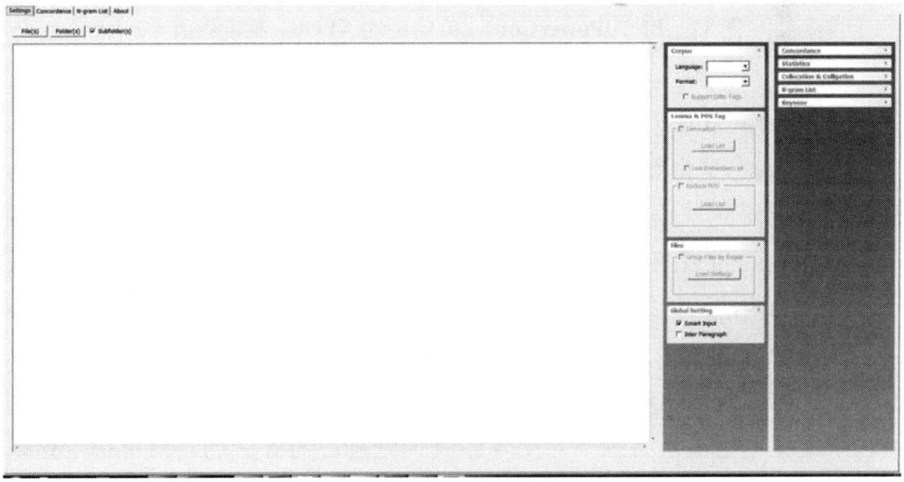

图 11　BFSU PowerConc1.0 检索界面

使用 BFSU PowerConc 的 N-gram List 模块，可以检索标注过词性的文本。通过选择“Data Type”中的“POS”，选定长度“Length”，即可进行词性频率及其搭配情况的检索。检索结果可以通过点界面右下角的“Save”保存为 TXT 格式的文本文件。检索界面如图 12：

① http: //www.bfsu-corpus.org/static/PowerConc.html.

图 12　**BFSUPowerConc 1.0** 的词性（POS）检索界面

3.3.1.3　ParaConc

ParaConc[①] 是由新西兰奥克兰大学应用语言学系教授 Michael Barlow 研发，用于研究双语平行语料库的软件。研究者可以用它发现潜藏于翻译文本深处的带有某种规律性的特征、用法和结构。最新版本是 Beta 版 build269，试用版可以从网站下载。ParaConc 的主要功能是对齐、查找、翻译、多语种支持、搭配频率统计、突出搭配、高级分类检索、高级搭配。ParaConc 可以对原文和译文进行句子切分和自动句子级别的对齐处理。在处理中文文本之前，必须要对文本做分词处理。对齐后的语料可用于查找某个词或字所在的原文句子及其相应的译文句子。对齐窗口示例如图 13：

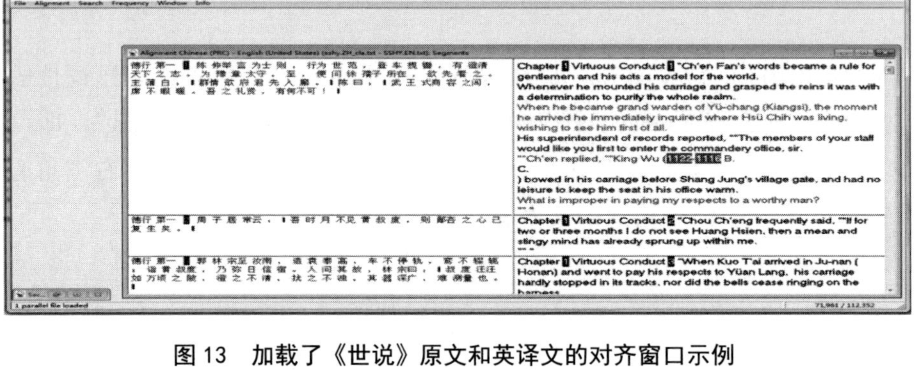

图 13　加载了《世说》原文和英译文的对齐窗口示例

① http: //athel.com/para.html

3.3.1.4 BFSU ParaConc 1.0A

该软件是由北京外国语大学外语教育研究中心许家金教授、梁茂成教授和贾云龙开发和研制的。BFSU ParaConc 支持正则表达式检索，支持英文词形还原检索（lemmatized search），例如，检索“go”，可得到含有“go、goes、went、going、gone”等的平行句对。去除“lemmatized”前的复选框，则可以检索实际输入的检索项（比如，搜“goes”，只能得到含“goes”的平行句对），还支持对应语言文本中包含或不含（exclude）某词项的检索。如检索“education”，以及结果中包含（或不含）“教育”的句对。应用 BFSU ParaConc 可以检索原文中的某个词在译文中的翻译，也可以反向检索译文中的某个词在原文中的表达方式。所有检索结果都可以导出为 Tab 分割的文本文件。双语检索结果示例如图 14：

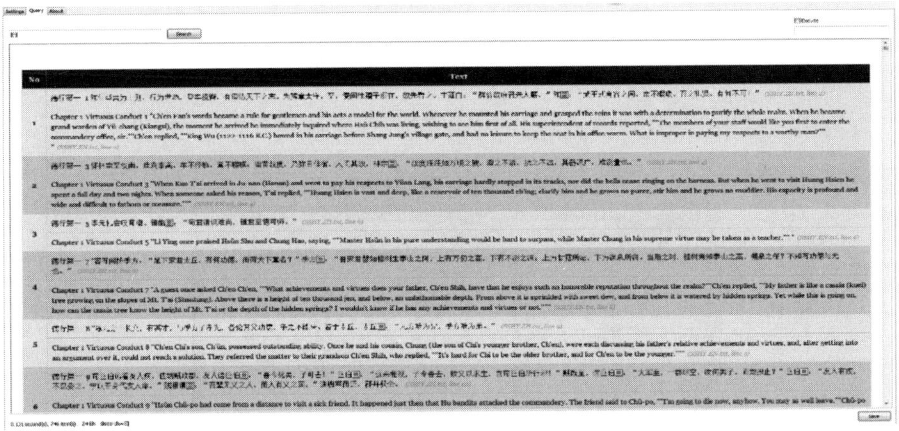

图 14　以“曰”为例的检索结果示例

3.3.2　统计工具

在语料库语言学研究中，描述通过一定的抽样方法获得的语料库文本

① http: //www.bfsu-corpus.org/channels/tools

的出现和分布情况，观察不同语言项目之间在一定语境中共同出现的概率，以及观察某个（些）语言项目在不同文本之间出现频数的差异性，都需要借助统计学知识（梁茂成、李文中、许家金，2010: 91）。卡方检验是“比较实际次数与期望次数之间是否有显著差异”的检验（李绍山，2001: 152）。在词汇频次差异研究方面，就是测定某词汇的频次观测值 O 与理论期望值 E 之间的差异，为此而构造的统计量称为 χ^2 统计量，其计算公式如下：

$$\chi^2 = \sum \frac{(O-E)^2}{E} \qquad \text{（公式 1）}$$

根据葛诗利（2010: 250）的统计，国内外利用卡方检验进行词汇或者其他语言特征在语料库之间是否存在显著性差异的研究有很多，如：Woods et al.（1986: 140）；Virtanen（1997）；Oakes（1998: 26）；杨惠中（2002）；濮建忠（2005）；卫乃兴（2007）；许家金和许宗瑞（2007）；王立非和钱娟（2009）等。

本研究采用卡方检验的方法，应用 Excel[①] 来比较数值，观察是否有显著性差异。界面如下图：

Chi-Square Calculator

	Corpus 1	Corpus 2
Corpus Size:	1,714,443	2,593,452

Word	Freq in Corpus 1	Freq in Corpus 2	Chi-Square	Significance (p)	
er	9589	9307	949.5474	0.000 ***	+
the	44617	57128	714.8403	0.000 ***	+
yeah	22050	28485	313.9596	0.000 ***	+
aye	1214	876	291.9031	0.000 ***	+
right	6163	6945	286.0158	0.000 ***	+
hundred	1488	1234	251.3021	0.000 ***	+
is	13608	17283	235.0038	0.000 ***	+
of	13907	17907	205.1158	0.000 ***	+
two	4347	5022	170.7086	0.000 ***	+
three	2753	2959	168.4058	0.000 ***	+
a	28818	39631	154.0679	0.000 ***	+
four	2160	2279	145.6521	0.000 ***	+
ah	2395	2583	143.7823	0.000 ***	+
no	14942	19880	141.8975	0.000 ***	+
number	615	463	133.9539	0.000 ***	+
quid	484	339	124.1785	0.000 ***	+
one	9915	12932	124.2215	0.000 ***	+
mate	262	129	120.8374	0.000 ***	+
which	1477	1498	120.5403	0.000 ***	+
okay	1313	1298	119.9811	0.000 ***	+
that	31014	43331	116.2309	0.000 ***	+
guy	211	95	108.5809	0.000 ***	+

图 15　χ^2 的 **Excel** 检索界面示例

① 软件来自《语料库应用教程》（梁茂成、李文中、许家金，2010）光盘。

3.4 本章小结

本章介绍了实证研究之前的语料库建设步骤、语料库检索工具和统计工具的基本信息。语料库的建设源自语料库的设计，本章首先介绍了语料库的基本概念和类型，然后介绍了本研究语料库的设计方案。针对语料库的结构、语料的大小和来源等信息，做了详细的说明。语料库建设的介绍分为语料整理和语料加工两个步骤，本章不仅指出了每个步骤的具体细节，也建议了可操作的工具。

4　译者文体特征分析

4.1　译作取向的比较

译文的语言形式比较是基于语料库的译者文体研究的主要比较途径。译作取向的分析采用对比方法，比较马氏《世说新语》译文（MTC）单语语料库和杨氏夫妇《汉魏六朝小说选》译文（YTC）单语语料库。研究采用基本统计分析方法（桂诗春，2009：21），即应用 WordSmith Tools（Scott, 1999）比较两个语料库在语言形式上的差别。

桂诗春（2009：23）认为，基于语料库的语体特征分析采用的方法主要有三种：基本统计分析、多特征 / 多维度方法和关键性方法。基本统计分析使用 WordSmith Tools 对语料库做出基本统计，包括词频、词汇密度、平均词长、覆盖面、词类频数等。多特征 / 多维度的方法使用词类赋码器（POS tagger）对语料赋码后分析常用语法特征；关键性方法旨在找出超用词。Baker（2000）设计的文学译者指纹识别的语言形式参量分三个层面：类符 / 形符比、平均句长和报道结构。但这个结构在后来的研究中不断增加到了多维。胡开宝（2010：115）认为，语言形式参数还包括：类符 / 形符比、平均句长、高频词、具体词、语句结构以及标点符号的使用频率。王克非（2012：129）认为，语言形式参数具体包括平均句长、平均句长标准差、类符 / 形符比、标准类符 / 形符比、词汇密度、关键词等。这些参数可以发现原文本与目标语文本、目标语翻译文本与非翻译文本之间在词汇多样性、信息负载、主题焦点化和创造性词汇使用方面的差异，并对这些差异进行量化，认识翻译文本的文体特征（同上：130）。

在本研究中，译文语言形式指的是通过语料库提取的译文词汇和句子特征的总和。提取的角度和方法遵循语料库文体学研究的规则，包括：高频词、标准类符 / 形符比、词汇密度、平均词长和平均句长、词汇难度等量化角度。

4.1.1 高频词

词频（Word Frequency）分析是语料库分析方法的核心。基于词频表的文本分析很大程度上有助于研究作品的文体特征（Aston, 2001: 30）。Crown-CLOB 的子库中，对话类文本的高频词（词频表前 50 个词）比例是 48.17，学术类是 44.07，小说类是 43.86，新闻类是 39.69。

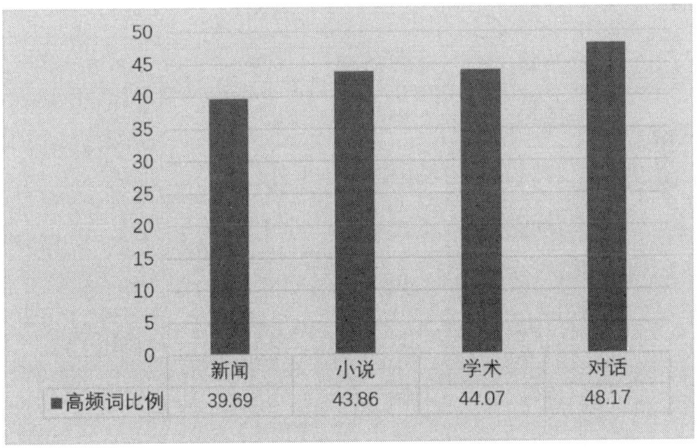

图 16 四种语体的高频词比例柱状图

从 Crown-CLOB 四种语体的差异可以看出，高频词比例与语体有关，口语体（对话类）的高频词比例高，书面体（学术类、小说类、新闻类）的高频词比例低。在书面体的三种语体之间，高频词比例与内容的多样性有关，新闻类涉及社会生活各个方面，因此主题多样，内容丰富，其高频词比例较低，学术类和小说类主题固定，内容受到主题的制约，其高频词比例较高。

在翻译共性研究中，高频词比例也是衡量翻译文本是否有简化趋势的一个标准。Laviosa（1998: 94）和肖忠华（2012）都认为，目的语翻译文本比目的语原创文本的高频词比例高。高频词比例越低，表明语料的词汇丰富度越高；反之，则词汇丰富度越低。

本研究选择了两个语料的高频词词表中前50位词为考察对象，比较高频词的比例。应用WordSmithTools的WordList功能，生成高频词表，如表5：

表5　MTC和YTC的高频词表

	MTC			YTC		
N	Word	Freq.	%	Word	Freq.	%
1	THE	5441	4.9749	THE	2256	5.855178
2	AND	3583	3.276	AND	1313	3.407734
3	OF	2854	2.6095	TO	1081	2.805606
4	TO	2839	2.5958	A	998	2.590189
5	#	2224	2.0335	HE	824	2.138593
6	A	1888	1.7263	OF	805	2.089281
7	IN	1856	1.697	IN	558	1.448222
8	HE	1853	1.6942	WAS	554	1.437841
9	HIS	1841	1.6833	HIS	462	1.199066
10	WAS	1750	1.6001	I	408	1.058915
11	WANG	1079	0.9866	HIM	385	0.999221
12	WITH	889	0.8128	YOU	370	0.960291
13	HIM	867	0.7927	IT	345	0.895406
14	IT	833	0.7616	THIS	291	0.755256
15	HAD	767	0.7013	FOR	286	0.742279

（续表）

	MTC			YTC		
N	Word	Freq.	%	Word	Freq.	%
16	WHEN	743	0.6793	THAT	286	0.742279
17	SAID	738	0.6748	WITH	274	0.711134
18	AS	724	0.662	ON	270	0.700753
19	I	709	0.6483	BUT	258	0.669608
20	FOR	678	0.6199	WHEN	258	0.669608
21	ON	655	0.5989	THEY	250	0.648845
22	Y	643	0.5879	HAD	241	0.625487
23	AT	626	0.5724	NOT	224	0.581365
24	IS	621	0.5678	HER	219	0.568388
25	THAT	590	0.5395	AT	207	0.537244
26	YOU	588	0.5376	IS	207	0.537244
27	BUT	553	0.5056	MAN	194	0.503504
28	NOT	518	0.4736	THEN	192	0.498313
29	WERE	460	0.4206	AS	190	0.493122
30	AN	451	0.4124	SHE	189	0.490527
31	THIS	448	0.4096	SAID	176	0.456787
32	ALL	440	0.4023	MY	171	0.44381
33	HSIEH	428	0.3913	S	171	0.44381
34	BE	420	0.384	ONE	166	0.430833
35	HS	377	0.3447	HAVE	153	0.397093
36	CHIH	375	0.3429	#	146	0.378926
37	AFTER	363	0.3319	BY	140	0.363353
38	THEY	359	0.3282	BE	132	0.34259

（续表）

	MTC			YTC		
N	Word	Freq.	%	Word	Freq.	%
39	REPLIED	350	0.32	ME	128	0.332209
40	FROM	337	0.3081	WENT	127	0.329613
41	WHO	328	0.2999	SO	125	0.324423
42	ONCE	322	0.2944	THERE	125	0.324423
43	BY	315	0.288	WHO	121	0.314041
44	TIME	315	0.288	THEM	117	0.303659
45	YOUR	314	0.2871	FROM	115	0.298469
46	HUAN	310	0.2834	NO	114	0.295873
47	HAVE	297	0.2716	YOUR	113	0.293278
48	WOULD	297	0.2716	ALL	110	0.285492
49	ONE	286	0.2615	WERE	110	0.285492
50	OUT	281	0.2569	AFTER	108	0.280301

MTC 的高频词比例之和为 42.81，YTC 的高频词比例之和为 44.28，马氏译文的高频词比例低于杨氏夫妇译文，因此，体现出词汇丰富度较高的特征。参照 Crown-CLOB 的小说类高频词比例（43.86），马氏译文的高频词比例低于目的语原创小说类高频词比例，杨氏夫妇译文的高频词比例则较高，由此可以推断，马氏译文的词汇丰富程度高于目的语原创小说，而杨氏夫妇译文的词汇丰富程度低于目的语原创小说。

4.1.2 标准类符 / 形符比

类符（type）指文本中不同的词，排除重复并忽略大小写；形符（token）指文本中所有出现的词（Baker, 1995）。类符 / 形符比（type/token ration，简称：TTR）在语料库语言学中被译为“型 / 次比”，王克非（2012）在《语料库翻译学探索》中使用了“类符—形符比”的命名方式。本研究采用“类符 / 形符比”这一形式，与其英语原文“type/toker ratio”相对等。“类符 / 形符比”即一篇文本中的所有的类符与所有形符数量之比。

类符 / 形符比很容易受到文本长度的影响，因此，Mike Scott（1998）在 WordSmith 的使用手册中指出，在一篇 1000 词的文本里，其 TTR 可能为 40%，而在更短的文本里可能是 70%。但在 400 万词的文本里，则可能只有 2%。为了使 TTR 有可比性，WordSmith 3.0 做了标准化处理，对文本的每 1000 词的 TTR 都依次重新计算，最后计算各个 1000 词的平均 TTR。这叫作“标准类符 / 形符比”（Standard TTR），即 1000 词的词块的 TTR。STTR 越高，文本中所使用的词形也越多。

语料库翻译学研究普遍认为，STTR 的数值越高，表明文本的词汇变化较大，词汇丰富程度较高，文本的阅读难度较大（Baker, 2000: 250; Olohan, 2004: 80）。翻译文本和目的语原创文本相比，翻译文本的 STTR 较低（Laviosa, 1998；肖忠华，2012: 63），体现出简单化的趋势。

在同一种语言内部，STTR 与语体也有关系。Crown-CLOB 的子库中，对话类文本的 STTR 是 32.11，小说类是 43.85，新闻类是 47.98，学术类是 39.46，如图 17 所示。

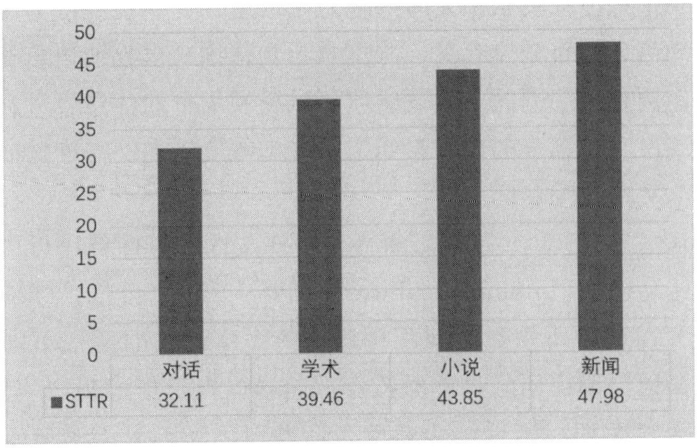

图 17 四种语体的 STTR 比较柱状图

应用 WordSmith 的 WordList 模块统计语料的 STTR，结果如下：

表 6　MTC 与 YTC 的 TTR 和 STTR 比较

Text File	MTC	YTC
standardised TTR	46.85	46.38

从表 6 中可以看出，MTC 和 YTC 的 STTR 相差不大（46.85:46.38），MTC 略高；但都明显高于 Crown-CLOB 小说类文本的 STTR 数值（43.85）。

4.1.3　词汇密度

词汇密度（Lexical Density）有不同的算法。语料库语言学通常采用 TTR（type/token ratio）（桂诗春，2009: 29）。Ure（1971）、Stubbs（1986: 33）和 Halliday（2007）都主张按实义词和总词数的百分比来计算。肖忠华（2012: 63）认为，用实词与总词数之比的测量方法与其说是测量词汇密度，不如说是测量语篇的信息密度，所以他称之为“文本信息密度”。

实词密度的计算方法是：实词密度 = 实词数 ÷ 总词数 ×100 %（Ure 1971）。在语料库翻译学的研究中，实词密度即“词汇密度”，由于词汇密度可以在一定程度上反映出文本的信息负载度，信息负载度与文本中可知信息与未知信息的百分比有关，与文本中具体描写事物的语篇长度与文本总长度的比例有关。因此，实词密度可以反映篇章的信息容量和难度。实词密度越高说明该篇章的信息量越大，文本难度越高；密度越低则说明信息量越小，文本难度越低。

Laviosa（1998: 94）发现叙事性英语译文比叙事性英语母语文本语料库的实词比功能词（grammatical words）少，词汇密度低。Olohan（2004: 81）的研究发现，不同类型或不同语域的文本组成的两个不同语料库的频次表，在词汇词或语法词的频次存在差异。肖忠华（2012: 65）比较了汉语译文语料库和汉语母语语料库之后发现，汉语母语语料库所有语体中的实义词与功能词之比都大大超过汉语译文语料库中的数据，尤其是报告和公文、武侠传奇小说、幽默这几类文体。翻译研究中的词汇密度研究表明，计算实词与总词数之比的算法应用更加普遍，而且结论也有相似之处，即翻译文本比目的语原创文本的词汇密度低，实词比例低于功能词。

英语的实义词（lexical word 或 content word）指具有稳定词汇意义的词语，包括名词、动词、形容词和大多数副词这四个词类；与之相对的是功能词（function word），指不具备稳定词义或意义模糊而主要起语法功能作用的词语，主要包括代词、介词、连词、冠词、助动词等词类。

词汇密度计算首先应用 TreeTagger 对语料库进行词性赋码，然后用 BFSU PoweConc 对“POS”进行 N-gramList 检索后生成词性分布表。参照 TreeTagger 的赋码表，比较语料库的实词频率。选取的名词赋码为：NN、NNS、NP、NPS；动词赋码为：VV、VVD、VVN、VVG、VVP、VVZ；形容词赋码为：JJ、JJR、JJS；副词赋码为：RB、RBR、RBS。分别归类后，计算出四种词性的总数，再根据总词数，计算出词汇的密度。如表 7：

表 7　MTC 与 YTC 的实词及比例比较

项目	MTC	YTC
名词	36438	10463
动词	13873	5798
形容词	6419	2240
副词	5988	1850
实词	59179	20351
总词数	118003	38491
词汇密度（%）	53.15	52.87

Laviosa（1998）对英语译语和原语语料的研究结果是：译语的词汇密度为52.87，原语的词汇密度为54.95，译语词汇密度较低，有简化的趋势。MTC的词汇密度是53.15，YTC词汇密度是52.87，比较而言，MTC的词汇密度较高，与原语语料的词汇密度接近，YTC与英语译文语料库的词汇密度相同。因此，马氏译文的词汇密度较大，其词汇丰富程度较高。这一结果与高频词比例比较的结果可互相验证。

对实词词类分布的比较，可以解释实词特征的主要成因。应用卡方检验（Chi-square test），比较MTC和YTC中四种词类的显著性差异，以MTC为观察语料，YTC为参照语料，统计结果如表8所示。其中，“*”代表显著性级别，星号越多，级别越高；“+”代表超用（overuse），“-”代表应用不足（underuse）。

表8　MTC四种词性卡方检验结果

	Chi-Square	Significance (*p*)		
名词	132.2849	0.000	***	+
动词	252.4856	0.000	***	-
形容词	7.5685	0.006	**	-
副词	4.1661	0.041	*	+

在统计学里，如果$P>0.05$表示差异性不显著；$0.01<P<0.05$表示差异性显著；$P<0.01$表示差异性极显著。根据上表，与YTC相比，MTC的名词超用，有显著性差异；动词应用不足，有显著性差异；形容词和副词有显著性差异，但差异度较低，其中，形容词有超用，副词有应用不足的现象。这表明，马氏译文中名词的使用明显高于杨氏夫妇的译文，而杨氏夫妇译文的动词则使用较多，高于马氏译文。马氏译文的副词使用较多，而杨氏夫妇译文中的形容词使用较多。

4.1.4 平均词长

平均词长是“一个文本中全部单词字母的总数与单词总数的比值，而词长标准差则是指单词长度在平均词长左右浮动的程度”（陈建生、崔亚妮，2010: 40）。平均词长反映了译者的词汇使用习惯和词汇选择结果。词汇的长度与词汇的难度有关，一般来说，词汇长度越长，词汇难度也会相应增加。我们比较了 Crown-CLOB 语料库中四类不同文体文本的平均词长，发现对话类文本的平均词长为 3.78，小说类是 4.28，新闻类是 4.69，学术类是 4.88。按照平均词长，从高到低，依次排列为：学术类＞新闻类＞小说类＞对话类。如图 18：

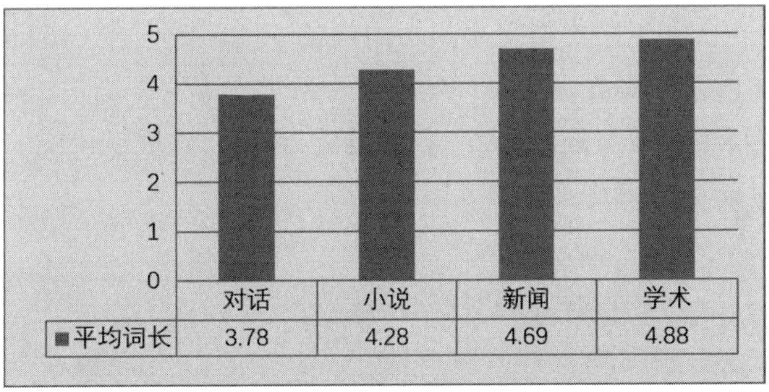

图 18　Crown-CLOB 四种文体的平均词长柱状图

这表明，平均词长受文本的专业程度影响较大。专业程度越高的文本，其词汇长度也更高。桂诗春（2009: 30）比较英语语言学著作语料库（ECOL）和 FLOB 后发现，ECOL 的词汇平均长度高于 FLOB，也证明了词汇的平均长度受到了文本专业性程度的影响。词长也是检验翻译文本简化特征的一项重要指标，难度较高的文本平均词长较长（霍跃红，2014: 140）。

词汇平均长度的计算可以应用 WordSmith 的 WordList 模块，通过提取语料的平均词长数据和词长分布表来描写词汇平均长度及其分布情况。比较发现，MTC 的平均词长（4.34）与 YTC（4.04）相比数值偏高。

以 Crown-CLOB 的小说库为参照，MTC 的平均词长略高，YTC 略低。如表 9：

表 9　MTC 与 YTC 的平均词长比较

Text File	MTC	YTC
mean word length (in characters)	4.34	4.04
word length std.dev.	2.34	1.99

4.1.5　平均句长

Olohan（2004）认为，平均句长也是译者文体的一般标记。王克非（2012: 129）认为不同类型文本的平均句长不同。我们在 Crown-CLOB 语料库中，比较了四类文本的平均句长：对话类文本的平均句长是 8.71，小说类是 11.92，新闻类是 20.09，学术类是 26.12。这表明，文本的文体特征可以通过句子的平均长度来表现。

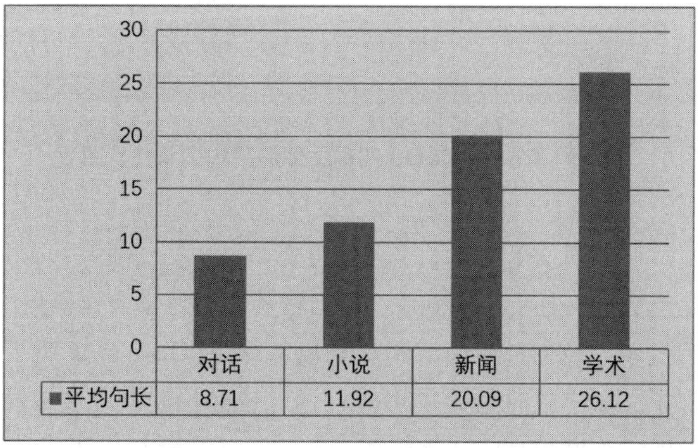

图 19　Crown-CLOB 四种文体的平均句长柱状图

使用 WordSmith 的 WordList 模块可以获得语料的平均句长（mean in words）。与 YTC 的平均句子长度（18.23）相比，MTC 的平均句子长度（19.79）较高，与 Crown-CLOB 的小说库相比，YTC 和 MTC 都明显较高。如表 10：

表 10 MTC 与 YTC 的平均句长比较

Text File	MTC	YTC
Sentences	5,526	2,111
sentences mean (in words)	19.79	18.23
sentences mean std.dev.	10.86	15.85

4.1.6 词汇难度

词汇难度的分析可使用 Range① 来进行。Range 由新西兰惠灵顿维多利亚大学语言和应用语言研究系 Paul Nation 研制，该软件通过分析词汇的跨文本分布，比较文本的词汇难度。RangeBNC 软件基于 BNC（英国国家语料库）语料库，在 RangeBNC 的三级词表中，一级和二级词表是基础词汇，三级和三级以上的词表是难度较高的词汇，对文本整体的词汇难度有较好的判断力（梁茂成、李文中、许家金，2010: 138）。

使用 RangeBNC 分析 MTC 和 YTC 两个译文语料后生成了词汇分析结果，如表 11 所示：

表 11 MTC 与 YTC 的 Range 词汇分布报告比较

	MTC			YTC		
WORD LIST	TOKENS/%	TYPES/%	FAMILIES	TOKENS/%	TYPES/%	FAMILIES
one	79024/72.16	2276/27.01	869	29765/77.76	1521/31.99	774
two	7755/ 7.08	1320/15.67	661	2571/ 6.72	774/16.28	489
three	2906/ 2.65	804/ 9.84	490	1205/ 3.15	463/ 9.74	338
not in the lists	19823/18.10	4026/47.78	?????	4738/12.38	1997/42.00	?????

① http: //www.vuw.ac.nz/lals/staff/Paul_Nation.

如表 11 所示，MTC 和 YTC 的一级词表的类符百分比是：27.01%，31.99%；二级词表的类符百分比是：15.67%，16.28%。两组数据表明，MTC 的一级词汇和二级词汇的类符比例都低于 YTC，即 MTC 的基础词汇比例较低。

三级词表的 MTC 和 YTC 的类符百分比是：9.84%，9.74%；词表外词汇的类符百分比是：47.78%，42%，表明 MTC 的难度较高词汇高于 YTC。

综合一到三级词表和词表外词汇的类符比例，可以看出，马氏译文的基础词汇比例较低，杨氏夫妇译文的基础词汇比例较高；马氏译文的难度较高词汇比例较高，而杨氏夫妇译文则较低。所以，马氏译文的词汇难度相对较高，杨氏夫妇译文的词汇难度相对较低。

4.2 原作取向的比较

原作取向的比较是以原文为参照，比较两个或多个译本，观察译者在翻译过程中的不同选择，分析译者选择背后的动因，总结译者的翻译策略。

Baker（2000）认为，译者的文体不仅包括译者的语言形式特征，即译者的个性化语言使用模式，也包括译者的翻译策略。她将翻译策略归为译者文体的非语言性特征之中，认为，翻译策略是译者受到原文制约后做出的选择。因此，在 Baker 的研究中，她跳过了翻译策略的分析，而只考察了基于语料库的译者独特语言使用习惯模式。

由于译者的翻译策略影响了译者的译文语言选择，使译文产生了特殊的文体功能，因此，对翻译策略的考察也应是译者文体研究中的重要一环。

在文学翻译中，翻译策略是一个经常被研究者探寻的话题。通常，翻译策略分为直译和意译、异化和归化两组类型。直译（Literal Translation）又称字面翻译，指“不足以使内容不变而又遵循目标语规范”的翻译（Barkhudarov, 1969. 引自 Shuttleworth, 1997/2005: 62）。直译作为一种翻译策略在翻译多种科技文本时比较适用，也有助于语言学习者了解目标语结构；在文学翻译中，直译在另一种语言的相关能力和句法能力所允许的范围内尽可能贴近地翻译原作的确切语境意义（Nabokov, 1964、1975: viii,

引自 Shuttleworth, 1997/2005: 129）。意译（Free Translation），又称为自由译，指更侧重译出读起来自然的目标文本，而不是完整保留原文本措辞的一种翻译类型（Shuttleworth, 1997/2005: 84）。

异化和归化源自 Lawrence Venuti（1995）的《译者的隐身——一部翻译史》（*The Translator's Invisibility: A History of Translation*）一书。Venuti 中提出了解构主义的异化翻译策略。所谓异化翻译（Foreignization）就是保留外国文本中的异，破坏目的语文化的规范（郭建中，2000: 50）。异化翻译的目的是要发展一种抵抗以目的语文化价值观占主导地位的翻译理论和实践，以表现外国文本在语言和文化上的差异（Venuti, 1995）。与异化翻译策略相对的是归化翻译策略（Domestication）。Venuti 认为这个概念最早是 Schleiermacher 所提出来的，指"尽可能不扰乱读者的安宁，让作者去接近读者"（Venuti, 1995: 19-20）。归化翻译策略指导下的翻译方法会包括如下步骤：精心选择有助于以这种方式翻译的文本；有意识地采用流畅的、顺耳的目标语风格、改变目标文本以符合目标话语类型；添加解释性的材料；删除源语独有特征以及目标语的预设与取向来使目标文本变得总体和谐（Shuttleworth, 1997/2005: 59）。

除了这两组对立的翻译策略，德国功能学派的 Christina Nord（1997）根据文本的不同功能，提出了两种翻译策略：纪实翻译（Documentary Translation）和工具翻译（Instrumental Translation）。纪实翻译强调再现原作者与原文读者交际的情景，包括原文的语言特征和文化特征。纪实翻译策略基础上的翻译方法包括：逐字对译、字面翻译和注释翻译。（Nord, 1997: 47-50）工具翻译把翻译看成交际的工具，在交际过程中，原文的语言、文化特征只作参考，重点是根据译文读者的需要传递原文的交际内容。在工具翻译策略上的翻译方法可分为：等功能翻译、异功能翻译和同类翻译（同上：50-52）。两者相比，关键在于译者的文化立场，是强调原文文化还是强调译文文化（平洪，2002: 22）。

本研究结合以上对翻译策略的分类和讨论，从词汇和句法两个层面，比较和分析译者的翻译策略。词汇层选择文化专有项的翻译，句法层选择直接引语句的翻译。

文化专有项是翻译研究中一个备受瞩目的话题，因为翻译是将原文从一种文化带入另一种文化，文化专有项在翻译过程中的损失就难以避免，译者在处理文化专有项的时候，所采用的策略直接决定了译文在目的语文化中所具有的形态和功能，因此，本节选择文化专有项的翻译进行比较分析。

选择直接引语句的翻译考虑了两个方面的原因：原文文体和目的语文体。原文文体是翻译中制约译者选择的重要因素，但是，如果单纯保留原文文体的形式特征，而忽视目的语中没有相似的文体使用传统，则译文文体无法体现出原文文体的功能。

由于研究的原文是我国古代小说《世说新语》，其中的直接引语句是单一的叙述方式，而且，这种叙述也构成了《世说》的“清谈”特质，因此具有非常鲜明的文体价值。但是，在现代英语小说中，通篇只用直接引语的情况非常罕见，直接引语往往和间接引语、言语行为叙述体等叙述方式交替出现，从而展现出不同的审美功能。因此，译者如何将原文的这个鲜明的叙述特征用目的语表达出来，使其在目的语中继续发挥在原文中的功能，就成为本节关注的第二个重点。

翻译研究具有很强的跨学科性。语料库数据统计结果只能从宏观上对译者文体进行比较和分析，区别不同译者的语言使用习惯，而且，因为语料库数据是在取样和依靠假设确定变量的基础上机读得来的数据，所以并不能代表文本文体的所有特征。Leech 指出，“对偏离的统计分析可以论证有关文体的假设，但是仅有统计数据是不足以推断出和用来证明假设的”（1985: 51）。Mahlberg（2010: 19）指出，语料库提供给我们的只是所有文体特征中的一部分。尽管在语料库工具的帮助下，语言形式和语言意义之间的关系变得清晰可见，但是代表语言形式的数据和语言表达之间并不是一一对应的关系，所以需要严密的逻辑推理和阐释。对于翻译过程的研究而言，定性分析可以结合具体案例，考察译者在翻译过程中的选择，从而挖掘选择背后的驱动因素。

本研究的定性分析从翻译策略和副文本两个角度展开。翻译策略比较译者的文化专有项翻译策略、引语翻译策略和对句翻译策略。副文本比较译本的前言、注释和附录的结构与内容上的特征。通过应用平行语料库检索，可穷尽全部案例及其译文，从而以定量的数据辅助定性的分析，使研究的结果更客观。

4.2.1 文化专有项的翻译

Javier Franco Aixelá（1996/2007: 56）提出了“文化专有项”（Cultural Specific Items）概念并系统地区分了文化专有项的翻译方法。Aixelá（1996/2007: 58）认为，文化专有项指的是：在文本中出现的某些项目，由于在译语读者的文化系统中不存在对应项目或者与该项目有不同的文本地位，因此其在原文中的功能和涵义转移到译文时发生翻译困难。他认为，文化专有项不是孤立存在的，由于原文文本语言性所指在目的语文化中不存在或有不同的价值（如受到意识形态、用法、使用频率等影响），由此产生的翻译问题会导致文化的冲突[①]（同上：57）。

Aixelá（同上：59）将文化专有项分为两类：专有名词（proper nouns）和普通表达（common expressions）。根据 Hermans（1991）的观点，专有名词可分为两类：常规专有名词（conventional proper nouns）和负载专有名词（loaded proper nouns）。常规专有名词指的是本身无意义的专有名词；负载专有名词指的是能让读者“产生联想”（suggestive）的，公开“表达某种含义的”（expressive）名字或绰号，包括虚构和非虚构的名字，在某种文化中，这些专名会引发读者关于历史或文化的联想。

冯庆华（2008: 197）将文化术语分为人名、地名、服饰、用具、食品、建筑、习语。此外，范祥涛（2008: 62）将其分为：人名、地名、朝代、典籍题名、文学术语、哲学术语、历史典故、神话传说等。

Aixelá（1996/2007: 61-64）根据译者跨文化操控的程度，将文化专有项的翻译分为保守型和替代型两个主要类别。保守型分为：重复、拼写转换法、语言（非文化）翻译、语篇内术语表使用。替代型分为：文内解释、文外解释、使用同义词、有限世界化、绝对世界化、同化、删除、自创。

① 原文：“in translation, a CSI does not exist of itself, but as the result of a conflict arising from any linguisitically represented reference in a source text which, when transferred to a target language, poses a translation problem due to the nonexistence or to the different value (whether determined by ideology, usage, frequency, etc.) of the given item in the target language culture. ”

Aixelá（同上：65-70）还提出了四类影响翻译策略选择的因素：

（1）超文本因素，例如译语社会语言规范性的程度、潜在读者的性质和期望、翻译发起人的性质和目的、译者的工作条件、培训和社会地位；

（2）文本因素，例如与文本配合的影像、已有的译本、原文的经典化程度；

（3）文化专有项的性质，例如透明度、意识形态地位、对其他文化的指涉，以及有没有定译；

（4）文本内因素，例如项目在文本中的重要性和出现次数，以及译文的连贯性。

在我国的翻译研究中，关于文化词汇的翻译问题早有提及。唐代大翻译家玄奘提出了五种不翻的策略：① 秘密故，如“陀罗尼”；② 含多义故，如“薄伽”，梵具六义；③ 此无故，如“阎浮树”，中夏实无此木；④ 顺古故，如“阿褥菩提”，非不可翻，西摩腾以来，常存梵音。⑤ 生善故，如“般若”尊重，“智慧”轻浅。玄奘对物名的“五不翻”并不是不翻译，而是出于各种考虑，对于有些梵语词语，不必按意思翻译成汉语，而是保持原语语音的汉字写法，也就是今天所谓的“音译”。玄奘在译佛教经典时具有相当强的本体意识和文化意识，其音译为主的翻译方法对于固定和传播佛教词语和概念以及将印度语言文化传播于中国，具有不可磨灭的历史功绩（涂和平，2005: 66）。

朱自清主张意译，他认为，意译“是译名的正法”，也是“造新词的唯一方法”。意译不能反映原名全部涵义，这是难免的；但只须力求确当，能表达原名涵义的大部分就好。至于有关概念的完整定义，读者自己可以继续研究（引自姜望琪，2005）。

除了音译和意译，文化词汇的翻译还有直译加注的方式。所谓直译加注，即将原文中的文化词直译出来，保留原有的文化意象，但在译文后需要增加注释，对其解释说明，以帮助读者理解直译后产生的陌生意象的真实含义。

《世说》中共有名词 3993 个，动词 1775 个，形容词 828 个，占《世说》总词汇量的 94%，名词中专有名词共 1789 个，占名词总量的 44.7%，其中人名共 1452 个，占专有名词总量的 81.3%，出现 5567 次，地名共

123 个，约占 6.9%（丁建川，2007: 47）。本研究根据《世说》原文的这一词汇特征，以《世说新语》（简称：《世说》）原文为参照，选择从占名词比例最高的人名和地名两个角度分别考察马氏与杨氏夫妇的文化专有项翻译策略。

4.2.1.1 人名的翻译比较

人名是翻译和跨文化交流中常见的翻译单位，人名翻译的质量对整篇文章的翻译质量和整个交流活动的效果具有直接的影响（骆传伟，2014）。人名翻译有双重属性：人名属性和翻译属性。人名属性指的是指称性和专属性；翻译属性指译名与原人名在表意上等效。指称性指人名的语义功能就是表示所指（骆传伟，2014: 77）。专属性指人名直接指称某人，构成人名的词语的语义指称不具有指称某人的作用。在翻译中，构成原人名的词语的语义指称在译文中不被考虑。

曾经翻译过莎士比亚作品的梁实秋先生说过，“我个人才学谫陋，在《世说》中时常遇到文字的困难，似懂非懂，把握不住。其中人名异称，名与字犹可辨识，有些别号官衔则每滋混淆。谈玄论道之语固常不易解，文字游戏之作更难移译，我选了二、三十段之后即知难而退，以为《世说》全部英译殆不可能。”（引自范子烨，1998: 211）

这段话中所说“人名异称”就是指《世说》中人名的特殊现象，即“一人多名”和“多人一名”的现象。例如：

（1）“王戎”，称“王戎”27 次，称字“濬冲”2 次，称“王安丰”9 次、“安丰”4 次；

（2）“王胡之”，称“胡之”3 次，称字“修龄”4 次，称“王司州”5 次，称“司州”7 次。

中国人的姓名不仅复杂，而且在使用上颇多讲究。《沁园春 • 寄稼轩承旨》有这样一句话：

被香山居士，约林和靖，与坡仙老，驾勒吾回。

这句诗里共提到了三个人，白居易，林逋和苏轼。唐代诗人白居易晚年自号“香山居士”，宋代居士林逋的谥号为“和靖居士”，北宋文学家苏轼，自号“东坡居士”，后人称为“坡仙”。这首诗的题目中出现的“稼轩”指的就是“稼轩居士”辛弃疾。

古人名、字有别，不能随便使用，《礼记·曲礼上》：“父前子名，君前臣名”。郑玄注：“对至尊，无大小，皆相名。”《礼记·檀弓上》说：“幼名，冠字”。名的决定权在父亲，字的决定权在本人。敬其名就是敬父母。《论语· 公治长》：“颜渊，季路侍。”颜渊即颜回，字子渊，季路即仲由，字子路或季路。只有尊者称卑者，可以称名，秦汉以后，卑者称尊者，不仅不能称名，连字也不能使用（尹黎云，2005: 104）。

下面以原文为参照，结合“大中华文库”版的今译（汪龙麟译），比较马氏译文和杨氏夫妇译文。

普通人名翻译

马氏和杨氏夫妇翻译普通人名的策略是一致的：

（1）一人一名的用音译，如：袁绍、荀巨伯；

（2）一人多名的仍然用音译“姓 + 名”的方法，如：平原、清河、王子猷、温公。

马氏《世说》译文通篇都采用了这种“规范化”的翻译，例如：

【原文】

王司州与殷中军语，叹云：“己之府奥，早已倾泻而见；殷陈势浩汗，众源未可得测。”（8.82）

【马译】

Wang Hu-chih, after conversing with Yin Hao, sighed in admiration, saying, “The mysteries stored in my own treasury have long since been all poured out and manifested to view, but Yin’s marshalled forces are like a vast (hao) and boundless sea, whose multitudinous sources (yüan) have never yet been fathomable.”

原文中的“王司州”即王胡之，字修龄。原文称“胡之”3 次，称“修龄”4 次，称“王司州”5 次，称“司州”7 次，称“阿龄”1 次，共 20 次。译文用“Wang Hu-chih”15 次，“Hu-chih”6 次，共 21 次[①]。如表 12：

表 12 《世说》中“王司州”一人多名现象的翻译比较

原文	次数	译文	次数
胡之	3	Wang Hu-chih	15
修龄	4	Hu-chih	6
王司州	5		
司州	7		
阿龄	1		
合计	20	合计	21

“殷中军”即殷浩，字渊源。原文称“殷浩”6 次，“殷扬州”3 次，“殷中军”22 次，“殷渊源”7 次，“渊源”8 次，“阿源”1 次，“殷”1 次，“殷侯”2 次，共 49 次，译文用“Yin Hao”共 50 次[②]。如表 13：

表 13 《世说》中“殷中军”一人多名现象的翻译比较

原文	次数	译文	次数
殷浩	6	Yin Hao	50
殷扬州	3		
殷中军	22		

① 译文比原文多 1 次，因《世说》36.3 中“世将”的英译为：Hu-chih’s father。

② 译文比原文多 1 次，因《世说》4.74 中“江左殷太常父子”的英译为：Yin Jung and his nephew, Yin Hao。

（续表）

原文	次数	译文	次数
殷渊源	7		
渊源	8		
阿源	1		
殷	1		
殷侯	2		
合计	49	合计	50

音译人物姓名的方法缩短了解释和注释的篇幅（Henriks, 1980），解决了原文中称谓上的“一人多名”或“多人一名”现象给译文读者带来的困惑。但其缺点在于掩盖了《世说》原文在人名称谓上的特征，也消除了作者在人名称谓选择上展现出的评价态度。例如：“王大”即王忱，根据《世说新语辞典》（张永言，1992: 448），“王忱”字元达，小字佛大。原文称“王大”15 次，“王佛大”1 次，共 16 次。《世说》作者只用其小字而不用其字则明确地表示了作者对该人的言谈举止所持有的轻蔑态度。译文称 Wang Ch’en 16 次，完全隐藏了原文作者通过称谓表现出的观点。此外，直译人物姓名的做法也体现出译者对人物品行的中立态度，颇似史书在叙述普通人物事迹时的做法，如《晋书》对王羲之的记载，其中人物均以姓名称呼：

> 羲之既拜护军，又苦求宣城郡，不许，乃以为右军将军、会稽内史。时殷浩与桓温不协，羲之以国家之安在于内外和，因以与浩书以戒之，浩不从。及浩将北伐，羲之以为必败，以书止之，言甚切至。浩遂行果为姚襄所败。

经过平行语料库检索，对两组译者的译法如表 14：

表 14 马氏与杨氏夫妇普通人名翻译比较

人名	今译[①]	马译	杨氏夫妇译
袁绍	袁绍	Yüan Shao	Yuan Shao
荀巨伯	荀巨伯	Hsün Chü-po	Xun Jubo
巨伯	巨伯	Chü-po	Xun
崇	石崇	Ch'ung	Shi Chong
恺	王恺	K'ai	Wang Kai
朔	东方朔	Shuo	Dongfang Shuo
二陆	陆机和陆云二人	the Lu brothers (Lu Chi and Lu Yün)	the Lu brothers
平原	陆机	Chi	Lu Ji
清河	陆云	Yün	Lu Yun
王子猷	王子猷	Wang Hui-chih	Wang Huizhi
温公	温乔	Wen Ch'iao	Lord Wen Qiao
庾吴郡	庾吴郡	Yü Ping	Governor Yu

君王谥号翻译

“谥者，行之迹也”。谥号是中国古代有一定社会地位的人去世之后，后人根据其生前的事迹给予他一个评价，所谓“行出于己，而名出于人”，谥号是一个带有评判性质的称号。谥号使用范围较广，中国、朝鲜、日本等东亚国家都有使用谥号的传统，而且谥号不仅可以使用于帝王，后妃、诸侯、大臣皆可有谥号。谥号起源于西周，帝王的谥号一般是由礼官拟定好经由新继位的帝王裁定后予以宣布，臣下的谥号由朝廷赐予。秦始皇嬴政认为谥号是臣议君，子议父，为了突出帝王至高无上的地位，于是废除了谥号，直到西汉建立后才又恢复了谥号。

《世说》中君王谥号多有出现，马氏和杨氏夫妇都用 Emperor 来翻译“帝”，基本的结构都是“Emperor+ 谥号”，差别在于，马瑞志采用了补偿手段，在君王谥号后添加了历史信息，包括君王的姓名和在位的时间，例

① 本文所用“今译”选自 2007 版“大中华文库”《世说新语》。

如："魏明帝"译为"The Wei Emperor Ming（Ts'ao Jui, r. 227–239）"。根据《魏书·明帝纪》记载，魏明帝是曹魏烈祖明皇帝曹叡，公元 226 年—239 年在位。增加历史信息不仅有助于读者了解人物的真实身份，也增加了译文的史学研究价值，改变了原作偏重记载人物言行的小说文体特征。经过平行语料库检索，对两组译者的译法如表 15：

表 15　马氏与杨氏夫妇君王谥号翻译比较

人名	今译	马译	杨氏夫妇译
魏明帝	魏明帝	The Wei Emperor Ming (Ts'ao Jui, r. 227–239)	Emperor Ming
武帝	武帝	Emperor Wu (Ssu-ma Yen, r. 265–290)	the emperor
汉武帝	汉武帝	the Han Emperor Wu (r. 140–87 B.C.)	Emperor Wu

女性人物称谓翻译

《世说》中女性角色称谓与男性角色相比非常模糊，原文作者通常只提及女性的姓氏，而不提其名。杨氏夫妇采取直译策略，马氏则采用补偿译法，增加了说明人物身份的信息，译文的基本结构是：Lady + 姓氏，如：刘夫人（8.147）译为：Lady Liu；郭氏（10.8）译为：Lady Kuo；母殷（1.47）译为：Lady Yin。

在原文中，有些女性角色虽然出现，但作者并未曾提及其姓氏，而用表示社会关系的称谓来一笔带过，例如：乳母、其妇。这类情况在《世说》中共有 5 处。马氏在翻译这些女性角色的称谓时，采用的方法仍然是直译加注释。经过对马氏《世说》原文和译文的平行语料库检索，全部译法见表 16：

表 16　马氏与杨氏夫妇（隐匿的）女性称谓翻译

章节	原文	马氏译文
(4.39)	魏明帝为外祖母筑馆于甄氏	Emperor Ming of Wei (Ts'aoJui, r. 227–239) built a mansion for his maternal grandmother, Lady Chang, on the estate of his mother, Lady Chen

（续表）

章节	原文	马氏译文
(19.26)	韩康伯母，隐古几毁坏	The armrest (chi) on which Han Po's mother, Lady Yin, used to lean was broken and falling apart
(2.10)	刘公干以失敬罹罪	Liu Chen, having failed to pay the proper respect to Lady Chen, was sentenced to hard labor
(4.72)	孙子荆除妇服	When Sun Ch'u removed the mourning clothes after the death of his wife (Lady Hu-wu)
(19.12)	贾充前妇，是李丰女	Chia Ch'ung's first wife, Li Wan, was the daughter of Li Feng

马氏译文为隐匿的女性人物增加了称谓，这样不仅给读者扫清了识别人物身份的障碍，改变了原作人物身份多样，难以辨别识读的特征，使所有人物角色都拥有了明确的身份标识，人与人之间的关系也豁然开朗。同时，译文通过增加女性身份注释，也改变了原文中女性人物的半隐身或隐身的状态，突出了女性角色在故事发展中的重要地位。

杨氏夫妇在翻译女性角色的时候，采取的是直译策略，对原文中没有提到姓氏的女性角色，没有增加相应的身份注释。经过平行语料库检索，两组译者的女性人物称谓的翻译见表 17：

表 17　马氏与杨氏夫妇女性人物称谓翻译比较

	人名	今译	马译	杨氏夫妇译
女性	乳母	乳母	Tung-wu Hou-mu, the wet nurse	the nurse
	从姑刘氏	堂姑刘氏	his paternal aunt (tsung-ku), Lady Liu	a distant aunt of his named Liu
	贾女	他的女儿	his daughter, Chia Wu	his daughter
	其妇	许允的妻子	Yün's wife (Lady Juan)	his wife

4.2.1.2　地名的翻译

《世说》中地名按结构分两种：

（1）地名中的字不能分开使用，例如：江陵、洛阳、汝南、南京等；

（2）地名中的最后一个字可以与其他字重构为其他地名，表示地名间有相同的行政区划单位，例如：荆州、凉州、江州、扬州、兖州等。

杨氏夫妇的翻译与现代汉语今译颇为相似，不分开使用的地名就音译地名，分开使用的地名，则译出其区划或属性。比较今译，可以看出杨氏夫妇的译文几乎是今译的英译。以“吴郡”“浙江”“山阴”为例，马氏译文采用“名称 + 行政区划”的方法，如，Wu Commandery、Shan-yin Prefecture。行政区划与地区的政治、经济、人口等因素有直接关系，明确行政区划也明确了该地在古代的政治和经济地位。平行语料库检索后，两组译者的译文比较见表 18：

表 18　马氏与杨氏夫妇地名翻译示例

地名	今译	马译	杨氏夫妇译
吴郡	吴郡	Wu Commandery (Soochow)	the district of Wu
浙江	浙江	the Chih (i.e., the Che) River	the River Zhe
山阴	山阴	Shan-yin Prefecture (Chekiang)	Shanyin

古代地名在现代社会里有的依然保存，有的已经消失不见，那些保留下来的地名中，大多数在辖区上又与古代地名不同。《世说》地名翻译就存在这个突出的问题。马氏解决这个问题的方法依然是增加注释，例如：Shan-yin Prefecture（Chekiang）。在我国现在的行政区划中，山阴是历史文化名城，为山西省朔州市辖县，位于山西省北部，介于东径112°25′-113°04′，北纬 39°11′-39°47′ 之间。东邻应县，南毗代县，西交朔城、平鲁二区，北与左云、右玉、怀仁接壤。但根据马氏译文注释，山阴应属浙江，绍兴曾有山阴一县，秦朝始设，民国元年废。因此，古时

位于浙江的山阴才是与原文发生在浙江这一大范围的事实相照应。据此分析，可见马氏彻查此地名的具体方位，跨越时空差异，为读者扫清了理解上的障碍，有助于正确定位《世说》中的故事所发生的地理位置。

鲁迅认为，翻译“首先的目的，博览外国的作品，不但移情，也要益智，至少是知道何地何时，有这等事”（1935: 352）。马氏译本就体现了这种明辨是非的求索精神，译者通过注释性翻译，将译文读者带入了另一个真实的时空。虽然增加了文本的容量，但从科学研究的角度来看，译者的这种做法无疑为《世说》研究者提供了极大的便利，增加了译本的学术研究价值。

4.2.2　直接引语句的翻译

在叙事研究中，话语指的是整个表达层面，而人物话语（speech）则是指小说人物所说的言辞和思想这一本属于故事的范畴。表达人物话语的方式和人物话语的关系是形式和内容之间的关系。同样的话语如果采用不同的表达形式，就可能产生不同的意义。变换人物话语的不同表达方式就成为小说家控制叙述角度和距离，变换感情色彩等的有效工具（申丹、王丽亚，2010：144）。

本章以话语表达为切入点，比较《世说》的杨氏夫妇节译本和马氏译本中的相应部分，考察直接引语翻译、直接引语成段和直接引语中的诗歌话语翻译。

4.2.2.1　直接引语翻译

英国文体学家 Leech 和 Short（1981：324）根据小说叙述者对人物话语控制程度的差异对直接引语、间接引语和言语行为叙述体作了明确的分类。

直接引语（direct speech）与间接引语（indirect speech）在语义上的区别在于：直接引语用于逐字报道某人说过的话，间接引语是用自己的话来报道别人说过的话（同上：318）。间接引语把直接引语句中所有与话语情景直接相关的特征都抹杀了。将话语的内容降为话语动词的从属地位（同上：319）。言语行为叙述体（the narrative report of speech act）比间接引语更加间接，用于报道一个或多个已经发生的言语行为，叙述者不需要对话语含义完全了解。言语行为叙述体用于总结对话中相对不太重要的情节。叙述者完全是从自己的视角来观察整件事情。从言语行为叙述体到间接引语，再到直接引语，叙述者的干预越来越不明显（同上：324）。

申丹（1991：13-14）指出，直接引语使用引号来记录人物话语。通常带有“某人说”这类的引导词；间接引语表示叙述者用自己的话来转述别人说过的话；言语行为叙述体比间接引语更加间接。叙述者用引述动词加从句来转述人物话语的具体内容。需变动人称和时态，指示代词及时间和地点状语等也需作相应变动。但是具有人物特点的语言成分，譬如非标准发音或语法，粗俗或带情绪色彩的用辞等，一般会被代之以叙述者自己的冷静、客观、正式的言词。言语行为叙述体是对一个或多个言语行为的叙述性转述。具有对不重要的话语内容进行总结的作用，在这一形式中，叙述者仅对人物话语的内容进行总结性的介绍。人物的具体言词往往被叙述者的“编辑”“加工”所“遮覆”。

叙述者可以使用各种引语形式来控制作品的叙事内容，产生审美上不同的修辞效果。在文学翻译中，改变原文的引语形式就意味着改变了原文叙述者对人物话语控制的程度。

《世说》产生于魏晋南北朝时期，小说结构尚未成型，作者的叙述技巧单一，通篇都是直接引语，以“曰”等话语引导词为标志，例如：

> 魏武行役，失汲道，军皆渴，乃令曰：“前有大梅林，饶子，甘酸可以解渴。”士卒闻之，口皆出水。乘此得及前源。(27.2)

19 篇参与比较的《世说》原文语段中，共有 35 个直接引语句。马氏全部翻译成直接引语，杨氏夫妇的译文中有直接引语 30 次、间接引语 3 次、言语行为叙述体 2 次。例如：

（1）直接引语译为直接引语

【原文】魏武常言："人欲危己，己辄心动。"①

【马译】Ts'ao Ts'ao used to say, "Whenever anyone wants to threaten me, I always feel a presentiment of it in my heart."

【杨译】②Cao Cao claimed that he always knew when anyone wanted to harm him.

（2）直接引语译为间接引语

【原文】乃令曰："前有大梅林，饶子，甘酸可以解渴。"③

【马译】At this point he issued the order: "Ahead is a large grove of plum trees, loaded with fruit. The sweet-sour juice may serve to quench your thirst."

【杨译】Then he announced that there was a great plum orchard ahead, the trees laden with sweet and sour fruit which could quench thirst.

（3）直接引语译为言语行为叙述体

【原文】明早往，及未寤，便呼："子慎！子慎！"虔不觉惊应。④

【马译】Early the next morning he went to Ch'ien's room，and before the latter had awakened, called out his courtesy name, "Tzu-shen! Tzu-shen!" Without realizing it, Ch'ien made a startled response.

【杨译】One day he went to him at dawn and called his name while he was still asleep. Taken by surprise, Fu answered.

在传统小说中，直接引语是最常用的一种形式。它的直接性与生动性，对通过人物的特定话语塑造人物性格起很重要的作用。由于它带有引导句和引号，故不能像自由直接引语那样自然地与叙述语相混合，但它的引号

① 【今译】曹操常说："如果有人想要伤害我，我自己就立即会心有所动。"

② 以下将【杨氏夫妇译】缩写为【杨译】。

③ 【今译】曹操于是对士兵们说："前面有一大片梅树林，结满了梅子，酸甜可以解渴。"

④ 【今译】有一天早晨，趁着服虔还没有睡醒，就叫唤服虔的字："子慎！子慎！"服虔惊醒，一时没有觉察就答应了。

所产生的音响效果有时却正是作者所需要的（申丹，1991：17）。马瑞志译文的叙述者采用直接引语转述人物的话语，给人物主体自我表现的话语权，译者站在隐含读者的立场上，使叙述者话语让位于人物话语，让人物自己说话，从而使人物形象更加具体。在《红楼梦》的翻译中，杨氏夫妇译文也具有多用间接引语来翻译直接引语的现象。翻译与塑造人物性格有关的重要话语时，他们一般保留直接式。而翻译主要人物的某些日常套话、次要人物的无关紧要的回话时，则喜欢采用间接引语，使故事能轻快地向前发展（同上：17）。

4.2.2.2 直接引语分段

现代小说的对白往往采用分段来突出人物对话的内容，从而将引语部分从叙述部分中凸显出来，使人物的话语跃然纸上；分段还可以把篇章内部结构比较清晰地展现给读者，便于读者阅读；可以突出引语的内容，使人物形象更加真实，从时间和空间上拉近读者和故事人物的距离，从而提高读者的阅读兴趣和阅读的质量。对白分段的方法也表现了叙述者将话语的权利全部交给故事中的说话人，起到叙述者隐退，说话人凸显的作用。

《世说新语》原文中直接引语与叙述部分连成一体，结构上不加区分。马氏和杨氏夫妇在处理直接引语与叙述话语的形式时，都采用了分离的方法，把直接引语单独成段。例如：

【原文】魏武将见匈奴使，自以形陋，不足雄远国，使崔季珪代，帝自捉刀立床头。既毕，令间谍问曰："魏王何如？"匈奴使答曰："魏王雅望非常。然床头捉刀人，此乃英雄也。"魏武闻之，追杀此使[①]。（14.1）

【马译】When Ts'ao Ts'ao was about to give audience to a Hsiung-nu envoy, since he himself felt that his own figure was insignificant and

① 【今译】曹操有一次准备会见匈奴派来的使节，认为自己的外貌比较丑陋，不足以震慑这些边远的国家，就让崔季珪代替自己，他本人却拿着刀站在座位旁边充当侍卫。会见结束后，又派间谍去问这个使臣："你觉得魏王怎么样？"匈奴的使者回答说："魏王品貌令人景仰，但是，他座位旁边的那个带刀的护卫才是个真正的英雄。"曹操听说后，马上派人追上去杀了这个使者。

inadequate to impress a distant state with its virility, he had Ts'ui Yen substitute for him on the throne, while Ts'ao himself, gripping his sword, stood at the head of the dais.

When the audience was ended he ordered a spy to ask the envoy, "What was the Prince of Wei like?"

The Hsiung-nu envoy replied, "The Prince of Wei was refined and prepossessing to an extraordinary degree. But the man at the head of the dais who was gripping his sword—this was the heroic and virile one."

When Ts'ao Ts'ao heard this, he had someone overtake and kill this envoy.

【杨译】One day Cao Cao had to receive a Hunnish envoy. Afraid that he did not look distinguished enough to overawe this barbarian, he ordered Cui Yan to take his place while he stood by the couch holding the sword.

After the audience he sent a spy to ask the envoy:

"What did you think of our prince?"

"Your prince is a striking figure," replied the envoy. "But the man with the sword by the couch is a true hero."

When Cao Cao heared this, he sent pursuers to capture and kill the Hun.

《世说》原文中，报道句都在直接引语前，位置固定。马氏译文依据原文形式翻译，杨氏夫妇译文则比较灵活，译文中共 30 个报道句，位于引语中 / 后的有 9 个。例如：

【原文】匈奴使答曰："魏王雅望非常。然床头捉刀人，此乃英雄也。"

【马译】The Hsiung-nu envoy replied, "The Prince of Wei was refined and prepossessing to an extraordinary degree. But the man at the head of the dais who was gripping his sword—this was the heroic and virile one."

【杨译】"Your prince is a striking figure," replied the envoy. "But the man with the sword by the couch is a true hero."

报道句放在话语的中间具有降低叙事者参与的程度，因为报道句左右两端都是直接引语，读者的兴趣自然会被分散到两边（申丹，1995：222）。此外，还具有提升读者阅读兴趣，增加描述的生动性的功能，拉近读者和话语内容之间的距离，同时起到了强化人物形象的作用。

4.2.2.3 诗歌话语翻译

《世说》的语言简约玄淡，妙语隽言俯拾皆是，《世说》撮取晋世杂书汇于一帙，当时方言习句、俗字代语，所在多有，研治中古语言文字之现象，舍此莫办；今之众多成语典故，脍炙人口者殆将百计，《世说》亦堪称其渊薮（刘强，2007：2）。

因此，在《世说》的引语句中常有诗歌穿插其间，成为话语精髓。杨氏夫妇忽略了这一特殊的文体形式，译文中并未对诗歌语言做特殊化处理，依然用线性结构组句。马氏译文注意到原文诗句的特殊作用和区别性文体，用诗行形式将其与其他话语内容分离。例如：

【原文】刘伶病酒，渴甚，从妇求酒。妇捐酒毁器，涕泣谏曰：“君饮太过，非摄生之道，必宜断之！”伶曰：“甚善。我不能自禁，唯当祝鬼神自誓断之耳。便可具酒肉。”妇曰：“敬闻命。”供酒肉于神前，请伶祝誓。伶跪而祝曰：“天生刘伶，以酒为名。一饮一斛，五斗解酲。妇人之言，慎不可听！”便引酒进肉，隗然已醉矣。（23.3）[①]

【马译】Liu Ling was once suffering from a hangover (ping-chiu), and, being extremely thirsty, asked his wife for some wine. His wife, who had poured out all the wine and smashed the vessels, pleaded with tears in her eyes, saying, “You’re drinking far too much. It’s no way to

① 【今译】刘伶嗜酒如命。有一次，急切想要酒喝，就向妻子讨要。妻子把酒倒掉并砸了酒器，流着泪劝说他：“你喝的太多了，这不是养生之道，你必须把酒戒掉。”刘伶说：“很好。只是我不能私下自己戒酒，而应该在鬼神面前自己发下誓言，才可以把酒戒掉。你去准备酒肉。”妻子说：“我这就按你说的去办。”妻子拿来酒和肉供在神龛面前，请刘伶过来发誓。刘伶跪在地上祈祷说：“我刘伶天生下来就以喝酒出了名，每饮一次要十斗，五斗才能解酒病。妇人的话啊，千万不要听。”于是又将敬鬼神的酒肉吃喝得干干净净，转眼醉倒了。

preserve your life. You'll have to stop it."

Ling said, "A very good idea. But I'm unable to stop by myself. It can only be done if I pray to the ghosts and spirits and take an oath that I'll stop it. So you may get ready the wine and meat for the sacrifice."

His wife said, "As you wish." and setting out wine and meat before the spirits, requested Ling to pray and take his oath. Ling knelt down and prayed,

"Heaven produced Liu Ling
And took 'wine' for his name.
At one gulp he will down a gallon—
Five dipperfuls to ease the hangover.
As for his wife's complaint,
Be careful not to listen."

Whereupon he drained the wine and ate up the meat, and before he knew it was already drunk again.

【杨译】LIU LING THE DRUNKARD

One day Liu Ling had too much to drink, but feeling parched heasked his wife for more wine. She poured away the wine and broke the pitcher, and with tears in her eyes advised him against tippling.

"You are drinking too much—it is bad for your health. You must stop it!"

Liu Ling said: "Very well. But l cannot control myself. The only way is to swear before the gods to give it up. Prepare the sacrificial meat and wine."

His wife agreed to this.

She placed wine and meat before the shrine and asked Liu Ling tomake his oath. Liu Ling knelt down and prayed:

"Heaven gave me life and made me famed for drinking. I drink ten pints at a sitting, and five will cure my headache afterwards. A man should not listen to the words of a woman."

Then he drained the wine and ate the meat and soon was drunk again.

根据《晋书·卷四十九·列传第十九》中记载：

刘伶，字伯伦，沛国人也。身长六尺，容貌甚陋。放情肆志，常以细宇宙齐万物为心。澹默少言，不妄交游，与阮籍、嵇康相遇，欣然神解，携手入林。初不以家产有无介意。常乘鹿车，携一壶酒，使人荷锸而随之，谓曰："死便埋我。"

作为"竹林七贤"之一的刘伶，入朝后不趋炎附势，力陈己见，但为朝廷所不容，同僚均被擢为高官，唯独他被逐出朝门。为排泄郁闷，他常借酒消愁，久而久之便嗜酒如命，不能自已。虽然如此，刘伶未尝厝意文翰，惟著《酒德颂》一篇：

有大人先生，以天地为一朝，万期为须臾，日月为扃牖，八荒为庭衢。行无辙迹，居无室庐，幕天席地，纵意所如。止则操卮执觚，动则挈榼提壶，惟酒是务，焉知其余。有贵介公子、搢绅处士，闻吾风声，议其所以，乃奋袂攘襟，怒目切齿，陈说礼法，是非蜂起。先生于是方捧瓮承槽，衔杯漱醪，奋髯箕踞，枕曲藉糟，无思无虑，其乐陶陶。兀然而醉，恍尔而醒。静听不闻雷霆之声，熟视不睹泰山之形。不觉寒暑之切肌，利欲之感情。俯观万物，扰扰焉若江海之载浮萍。二豪侍侧焉，如蜾蠃之与螟蛉。

刘伶纵情放达，所用四言诗，四字一顿，节奏鲜明，简单明快。马氏译文保留原文的四言诗形式，将译文按句切分，排列为诗歌的形式，每行字数力求接近，整首诗虽不能保留汉语四言诗整齐划一的豆腐块形式，但仍然显得工整对仗，诗形斐然。

杨氏夫妇译文，在形式上并未凸显原文的四言诗形式，将其在原作中的线性排列形式保留在了一文中。下面将通过表 19，平行对比原文和两个译文，从译文内部观察译者是否注意到了原文的四言形式特征。

表 19 马氏与杨氏夫妇的诗歌翻译比较举例（《世说·任诞》）

<table>
<tr><th>原文</th><th>马氏译文</th><th>杨氏夫妇译文</th></tr>
<tr><td>天生刘伶，</td><td>Heaven produced Liu Ling</td><td rowspan="2">Heaven gave me life and made me famed for drinking.</td></tr>
<tr><td>以酒为名。</td><td>And took “wine” for his name.</td></tr>
<tr><td>一饮一斛，</td><td>At one gulp he will down a gallon—</td><td rowspan="2">I drink ten pints at a sitting, and five will cure my headache afterwards.</td></tr>
<tr><td>五斗解酲。</td><td>Five dipperfuls to ease the hangover.</td></tr>
<tr><td>妇人之言，</td><td>As for his wife’s complaint,</td><td rowspan="2">A man should not listen to the words of a woman.</td></tr>
<tr><td>慎不可听！</td><td>Be careful not to listen.</td></tr>
</table>

马氏的翻译字句对等，如“天生刘伶”译为“Heaven produced Liu Ling”；“以酒为名”译为“And took ‘wine’ for his name”。杨氏夫妇将原文上下两句合并为一句来翻译，并未分行。译文没有原文所具有的对仗和押韵的特征。

从译文本身来看，“以酒为名”中的“名”不是“姓名”，而是“名气”，杨氏夫妇译为“fame”比马氏译为“name”更加准确。此外，原文“一饮一斛”中“斛”字在汉朝许慎《说文解字》中解释为：“斛，十斗也。”根据 1 斗 =10 升，可见原文语言夸张，彰显作者放纵心意，不拘一格的性情。根据公式换算（1 品脱（英）=0.56826125 升，1 加仑（美）=3.785412 升），1 斛 ≈175.98 品脱（英），1 斛 ≈26.42 加仑（美），马氏译为 a gallon，杨氏夫妇译为 ten pints，显然都没有严格按照原文进行翻译，而是依据目的语读者常见的酒水单位做了变译，使其符合目的语读者的文化背景，译文的差别在于，杨氏夫妇的 ten pints 显然高于马氏的 a gallon。似乎杨氏夫妇注意到了原文夸张的修辞手法。

这种将直接引语中的诗歌话语在形式和内容加以突出的做法，在马氏《世说》译文中还有很多，经过计算多达 40 余例。再看一例：

【原文】王武子、孙子荆各言其土地人物之美。王云："其地坦而平，其水淡而清，其人廉且贞。"孙云："其山嶵巍以嵯峨，其水泙渫而扬波，其人磊砢而英。"（2.24）①

【马译】Wang Chi and Sun Ch'u were each boasting about the beauties of his native place and the people there. Wang said,

"Our land is level and plain,
The rivers limpid and clear,
The people modest and true."
Sun responded,
"Our mountains are tall-towering and crag-crested,
The rivers mud-roiled with tossing waves,
The people rock-rugged with heroes aplenty."

原文中，王武子和孙子荆的对话中各用了三个短句，结构对仗工整，二人都使用了同样的句型："其地 / 山……，其水……，其人……。"马氏译文把握了原文的这个特点，在译文中保留了原文对仗的形式："Our land/ mountains is/are…, the rivers…, the people…"。

王武子语言清简，使用了诸如"坦、平、淡、清、廉、贞"这样口语化的单字词；孙子荆辞藻华丽，用词求新颖独特，用了诸如"嶵巍、泙渫、磊砢"这样富有修辞色彩的词汇。马氏捕捉到这一文体上的差别，在译文中也选择了相应的词汇来进行翻译。王武子的三句话中，马氏译文使用了词长较短的简单词汇，如 level、plain、limpid、clear、modest、true；孙子荆的三句中，使用了词长较长，更加形象生动的词汇，如 tall-towering、crag-crested、mud-toiled、tossing、rock-rugged、aplenty 等。

综上，马氏和杨氏夫妇在原文直接引语的诗歌话语翻译上体现了不同的策略。马氏译文以诗译诗，句比字栉，不仅注重诗歌的形式特征，在选词上也照顾到原文的文体色彩，译文读来朗朗上口，节奏明快，富有乐感。

① 【今译】王武子（济）与孙子荆（楚）各自描述自己家乡土地与人物之美。王武子说："家乡的土地宽广而平坦，家乡的水甘美而清澈，家乡的人廉洁而正直。"孙子荆说："家乡的山高大而险峻，家乡的水波澜叠荡，家乡的人有奇才异能而英杰众多。"

而且，由于马氏将原文对白中的诗句剥离出来，结构和排版进行了明显的调整，使其具有典型的诗歌形式，能够给译文读者以鲜明的印象，可以清晰地把握《世说》人物话语所独具的诗歌特征。

杨氏夫妇保留了原文诗歌话语内嵌在直接引语中的做法，并未在形式和内容上对这样的话语内容加以特殊处理。此外，需要说明的是，杨氏夫妇译文并未忽略那些具有明显诗歌形式的话语，《汉魏》译文中共有8处诗歌化的翻译，例如《搜神记》中的选篇“吴王小女”中有四言诗：

南山有鸟，北山张罗。
鸟既高飞，罗将奈何！
意欲从君，谗言孔多。
悲结生疾，没命黄垆。
命之不造，冤如之何！
羽族之长，名为凤凰。
一日失雄，三年感伤。
虽有众鸟，不为匹双。
故见鄙姿，逢君辉光。
身远心近，何尝暂忘！

杨氏夫妇译文为：

Crows were on the southern hill,
Nets upon the north were spread;
Traps were laid, but laid in vain,
Far away the birds have fled.
Fain would I have followed you,
But obstructions barred the way;
Failling ill of grief I died,
Under yellow earth I lay;
Pity my unhappy fate,

Doomed to weep day after day!
phoenix is the chief and queen
Whom each lesser fowl reveres;
Phoenix, when she lost her mate,
Wept and mourned for three whole years.
Phoenix could not find a mate
Though bright songsters filled the skies;
So despite my humble looks,
I appear before your eyes;
And though torn so far apart,
Still you keep me in your heart.

这是一首民歌，最初见于《彤管集》，干宝编《搜神记》时将其录入，并加以改编。后被收入于《古诗源·卷一》，名为《乌鹊歌》。杨宪益先生饱读诗书，对这首古诗必定不会置之不理，译文也呈逐行排列形式，凸显了其作为诗歌的文体特征。可以说，杨氏夫妇的译文只选择了具有代表性的，形式特征突出的诗歌话语进行诗歌化翻译，而对于人物话语中具有诗歌特征的对仗句，并未如马氏一般重点强调，格外突出。

4.3 译作副文本比较

"副文本"（法文为 paratexte，英文为 paratext），法国文论家 Gérard Genette 1979 年在《广义文本之导论》一书中讨论"跨文本性"时首次用到"副文本性"。1982 年出版的《隐迹稿本：二度的文学》中，Genette 发现存在五种类型的跨文本关系，即文本间性、正文与只能称作它的副文本部分所维持的关系、原文本性、广义文本性和承文本性。其中，关于副文本的内涵和功能做了详细的说明：

副文本如标题、副标题、互联型标题；前言、跋、告读者、前边的话等；插图；请予刊登类插页、磁带、护封以及其他许多附属标志，包括作者亲笔留下的或他人留下的标志，它们又为文本提供了一种（变化的）氛围，有时甚至提供了一种官方或半官方的评论，最单纯的、对外围知识最不感兴趣的读者难以像他想象的或宣称的那样总是轻而易举地占有上述材料……它大概是作品的实用方面，即作品影响读者方面的优越区域之一——尤其是，自从菲利普勒热纳关于自传的研究以来，人们乐于称作体裁协约的区域……在这方面，草稿、各种梗概和提纲等“前文本”形式，也可以发挥副文本的功能……我们由此可以看出，副文本性尤其是种种没有答案的问题的矿井。①

1987 年 Genette 的法文版 *Seuils*（《门槛》）一书出版，1997 年该书的英文版出版，书名为 *Paratexts: Thresholds of Interpretation*（《副文本：阐释的门槛》）。在这部作品中，他将副文本分为十三个类型：“出版商的内文本、作者名、标题、插页、献词和题记、序言交流情景、原序、其他序言、内部标题、提示、公众外文本和私人内文本。”并指出副文本的作用是“它们包围并延长文本，精确说来是为了呈现文本，用这个动词的常用意义而且最强烈的意义，使呈现，来保证文本以书的形式（至少在当前）在世界上在场、‘接受’和消费……因此，对我们而言，副文本是使文本成为书，以书的形式交与读者，更普泛一些，交与公众。”副文本是读者进入正文的门槛。1988 年，Genette 发表的“The Proustian Paratexte”（《普鲁斯特副文本》）一文中，又称副文本为“文本周围的旁注或补充资料”。在 1991 年发表的“Introduction to the Paratext”（《副文本入门》）中，Genette 又依据副文本的位置、时间、语境等，对副文本进行了区分：内副文本与外副文本；前副文本、原创副文本与后副文本；公共副文本和私人副文本、私密副文本等。Genette 的副文本系列研究，结合西方文学创作实践，以普鲁斯特的《追忆似水年华》、乔伊斯的《尤利西斯》等作品的副文本为案例，足以说明西方文学中副文本的普遍性和副文本理论的有效性（引自金宏宇，2014: 3）。

热奈特认为几乎所有的副文本都以文本形式存在，但他也强调应该牢记副文本存在的其他形式，即事实性副文本，如作者的年龄、性别及文学奖项等，认为这些存在的事实也会对文本的接受等方面产生一定影响。

① Genette, G. 热奈特论文集 [C]. 史忠义译 . 百花文艺出版社，2001: 71-72.

在翻译出版物中，Baker（2006: 133）认为，副文本在重新定位译者、读者和其他参与者的时间和空间关系时起到了作用，因此，译者文体考察也应该考虑副文本的特征。

在我国的翻译研究传统中，副文本既是译者议论的载体，也是研究译者翻译策略的途径。罗新璋，陈应年（1982）在《翻译论集》中就以历史阶段为纲，以译者或翻译理论家为序，收集了多位译者的译序、跋语、译评等重要翻译研究文献。这些副文本资料可以为译者研究提供了非常丰富的文献资料，也可以用于解释译作背后的译者动因。王琴玲，黄勤（2015）探讨了林太乙在《镜花缘》译本中的译序和注释这两类主要的内副文本，外副文本选择了林太乙的离散经历、双语写作实践和担任《读者文摘》中文版总编辑时的翻译活动，作者最后指出，副文本体现了译者的翻译观，揭示了译者对读者的责任感，解释了译者的主体性和影响译本推介的因素。张玲（2014）比较了汪译《牡丹亭》的两个版本。作者认为，两个译本的内副文本在形式和内容上有一些不同之处，外副文本的形式主要是译者访谈和译者本人撰写的评论。总的来说，汪译《牡丹亭》译本的副文本形式多样，其中包含着丰富的与翻译过程相关的信息。贺赛波，申丹（2013）研究了《傲慢与偏见》的杨缤译本。通过考察内外副文本对女性主题的关注，分析原文女主人公成长主线在译文中如何再现，揭示了在社会女性意识觉醒的历史语境下，翻译内外副文本与译文中的译者选择之间交互作用，共同突显女性成长主题。内副文本主要有译文之前杨缤的《撷茵奥斯登评传 Jane Austen》（简称“评传”）和吴宓的“序”，外副文本则是他们在译本之外的相关话语。这些内外副文本不同程度地与女性（成长）主题相连，体现出译者翻译策略和翻译选择的部分原因。

Genette 曾言：“副文本只是一种辅助手段，是文本的附属品。没有副文本的文本就像没有象夫的大象，无力可施；没有文本依托的副文本就像无象可驭的象夫，只能是愚蠢的表演”（1997: 410）。副文本是翻译文本不可分割的一部分，能提供很多译本隐含的信息，从而帮助我们更好地解读译本。

本章从（内）副文本角度分析马氏《世说新语》译文和杨氏夫妇《汉魏六朝小说选》。比较的角度包括副文本的结构和副文本的内容两个层面。

4.3.1 副文本的结构

4.3.1.1 马氏《世说新语》译本

《世说新语》第一版于1978年出版发行，第二版于2002年出版，第三版，即“大中华文库”版于2007年出版发行。第一版与第二版的副文本结构基本一致，第二版增加了《第二版前言》，删除了第一版中序言和附录的中文标题。“大中华文库”版保留了译文，第二版Preface中的“The World of the Shih-shuo Hsin-yü”部分及其译文被放在附录的位置，并且将译文放在了英语原文的前面，删除了译文原有的脚注，对译作的副文本原貌有比较大的改动。三个版本的副文本结构见表20：

表20 《世说新语》三个版本的副文本结构

项目	第一版	第二版	第三版
出版时间	1978年	2002年	2007年
出版社	明尼苏达大学出版社	密歇根大学出版社	中华书局
序言	1.《前言》（Preface） 2.《导论》（Introduction） 3.《附志》（Translator's Note）	1. Forward to the Second Edition 2. Preface 3. Introduction 4. Translator's Note	1.《总序》（杨牧之）及其英译 2.《前言》（范子烨）及其英译
正文	英译、注释	英译、注释	汉语原文、今译、英译
附录	1.《传略》（Biographical Notices） 2.《释名》（Glossary of Terms and Official Titles） 3.《缩写》（Abbreviations） 4.《书目》（Bibliography） 5.《引得》（Index）	1. Biographical Notices 2.Glossary of Terms and Official Titles 3. Abbreviations 4. Bibliography 5. Index	附录：《世说新语》的世界（作者：马瑞志，译者：范子烨） Appendix: The World of the Shih-shuo Hsin-yü（作者：马瑞志）

4.3.1.2 杨氏夫妇《汉魏六朝小说选》译本

《汉魏六朝小说选》于 1958 年出版第一版，2001 年由外文出版社的“经典的回声”系列再次出版，2006 年收入“大中华文库”第三次出版。副文本结构见表 21：

表 21 《汉魏六朝小说选》三版本的副文本结构

项目	第一版	第二版	第三版
出版时间	1958年	2001年	2006年
出版社	外文出版社	外文出版社	外文出版社
序言	1.Foreword 2.插图	1.出版前言 2.Publisher’s Note	1.《总序》（杨牧之）及其英译 2.《前言》（石昌渝）及其英译 3. 宋刻本《世说新语》书影 4. 明刻本《搜神记》书影
正文	英译	汉语原文、英译	汉语原文、今译、英译
附录	1.The Source Books for This Selection		1.The Source Books for This Selection 2.About the Translators

经过统计页码，《世说》第一版的副文本占全书 28%，第二版占 29%，第三版占 4%。《汉魏》第一版没有中文注释，因此除译文以外，其他文本内容都算入副文本中，副文本占全书 0.11%，第二版除译文外，其他文本信息共占全书 49%，去掉汉语原文和今译，副文本信息共占 0.05%，第三版除译文外，其他文本信息占全书的 53%，去掉汉语原文和今译，副文本信息共占 5%。如图 20：

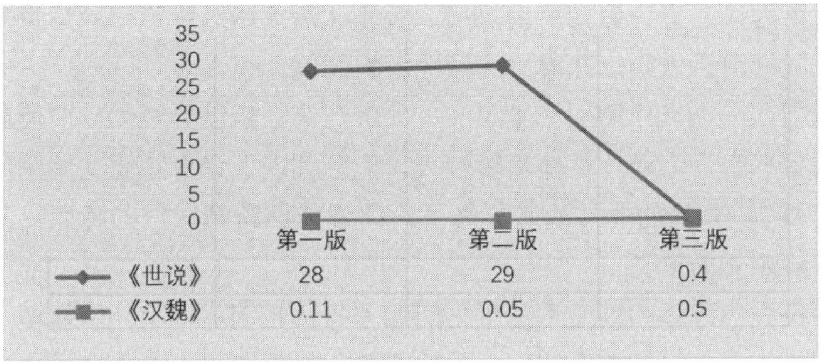

图 20 《世说》与《汉魏》的副文本比例比较折线图

两个译作的副文本相比，其基本结构相同，正文前有序言，正文后有附录；但微观结构有较大的差别。

《世说》前两版副文本结构基本一致，序言可细分为《前言》《导论》和《附志》三个部分，译文之后的附录又分为《传略》《释名》《缩写》《书目》和《引得》五个部分。每个部分都是译者所写、所编，为译者所独创。第三版"大中华文库"版的序言部分遵循该系列通行的结构，即杨牧之先生所做《总序》与具体领域的专家学者所撰写的《前言》，此外，第三版保留了第一版用插图的做法。第三版的附录部分收入了马瑞志在第一版、第二版中序言部分的《导论》，由范子烨将其译为中文。

《汉魏》三版的序言有历时的变化，第一版序言为译者所写，从内容上来看，介绍了原作的主要内容、意义、选文的标准等；第二版序言标题为《出版前言》，由外文出版社所发，内容为出版社业务介绍和出版该系列图书[①]的目的介绍。除了前言，第一版正文前还附有插图，用于解释汉魏六朝时代背景，帮助读者形象地理解作品创作的历史文化特征，吸引读者的阅读兴趣。但在第二版中，这一做法就消失了。第三版的序言结构与第一版相似，但序言包括了《总序》和《前言》，其中前者为"大中华系列"图书的相关情况介绍，后一项是汉魏六朝小说的文学和历史介绍，作者是石昌渝先生。关于《汉魏》的附录，第一版附录介绍了该书所选编文章的

① 《汉魏六朝小说选》第二版是外文出版社"经典的回声"系列之一。

出处，可为读者查询原文所用；第二版正文后无附录；第三版后重新使用了第一版的附录内容，并增加了对译者的简单介绍。

综上，马氏译作的副文本第一、二版与第三版差异较大。前两版副文本结构更严密，占译作整体篇幅较大，充分体现了译者在正文周围所设置的“门槛”，其目的非常清楚，为了让读者能够跨越时空的障碍，清晰准确地理解源文的意义。

杨氏夫妇译作的副文本三版之间的差异比较明显，第一版保留了更多译者的“声音”，一定程度上，体现了译者对原作的认识和理解情况，表现出译者对目的语读者阅读需要的考虑。但第二版的副文本则非常简单，只凸显了原文和译文的对等关系。第三版副文本与第一版比较接近，有研究者对原作地位和价值的解读，也有引文的出处，而且还增加了译者介绍。

4.3.2　副文本的内容

4.3.2.1　标题比较

标题是作品开端，是作品的“眼睛”，是作品的灵魂。通过标题，读者可以了解作品的文体轮廓，洞察作者的思想情感，预测作品的主要内容。标题对正文本具有更强的控制、概括力量。它是作品最扼要的意符，甚至是作品结构中的焦点和纽结。

(1) 马氏《世说》译本

马氏《世说》译本三版标题一致，即 *A New Account of the Tales of the World*。杨氏夫妇将其译为：*New Anecdotes of Social Talk*。两个译法结构相同，即 A of B，且排列顺序一致，即“新语”修饰“世说”。

马氏译文将“世说新语”四个字分别译出，“世”理解为“世界”（the world），“说”理解为“小说”（the tales），“新语”理解为“新的记录”（new account）。杨氏夫妇将“世说”理解为“社会言论”（social talk），将“新语”理解为“新的逸闻轶事”（new anecdotes）。

比较两个译文，“世”在马氏那里，即“世界”（world）。在《世说》译文第二版《导论》中，译者指出，《世说》描写的是公元 2 到 4 世纪的中国社会（2002：xvi）；杨氏夫妇认为，“世”是“社会”（social）。在《汉魏》第一版序言中，译者指出，汉魏六朝小说反映了当时的社会现象，揭露了一些社会问题（1958：iii）。马氏以魏晋南北朝史为背景观察《世说》的世界，采用史家的观点；杨氏夫妇从阶级差异、阶级压迫等意识形态的视角来评价这些作品，因而在选词上明显有别于马氏。

译文的第二个明显差异体现在两组译者对“说”字和“语”字的理解。马氏译文中，“说”是“小说”，“语”是“记录”；杨氏夫妇译文中，“说”是“说话”，“语”是“逸闻轶事”。

从《世说新语》题目的源头来看，“语”是史书的一种体裁，现存史籍以“语”命名的似以《国语》为最早，后又有《琐语》《事语》（即《战国策》），汉荀爽继承这一传统撰写“集汉事成败可为鉴戒者”的《汉语》。“语”与大型正史稍异而略具子书的特点。

“说”是一种偏重议论的文体。《文心雕龙·论说》云：“凡说之枢要，必使时利而义贞，进有契于成务，退无阻于荣身。”“说”与小说的关系似乎更属“近亲”。班固《汉书·艺文志》著录的十五种小说，以“说”名之的就有五种（即《伊尹说》《鬻子说》《黄帝说》《封禅方说》和《虞初周说》）。《韩非子》的内、外《储说》与《说林》，也记载了许多今天可作小说读的寓言故事。这些都可说明，“说”与“小说”在文体上的内在关系（刘强、吴寅，2005：114）。而且，像沈约《俗说》和殷芸《小说》这样以“说”为名的作品，更显出“说”与史传的差别。

《世说》流传至清末已有1500余年历史，历代几乎皆以小说视之。《隋书·经藉志》中首把《世说新语》归入子部的小说类中，后来的大多书籍则延用这一分法，如《唐书·艺文志》《四库全书总目提要》等。鲁迅先生在他的著作《中国小说史略》和《中国小说的历史的变迁》中也把其归为小说一类，这种小说文体得到大多学者的赞同，甚至一些关于文学史和小说史的书籍也都把其归为小说类。如侯忠义的《中国文言小说史稿》、王枝忠的《汉魏六朝小说史》、吴志达的《中国文言小说史》等，都遵从鲁迅说法，列为“志人小说”。

《世说》编撰者的初衷并非要向世人提供一个史传的“补遗”文本；相反，从其编撰体例、艺术风格和审美旨趣等方面考察，可以看出，尽管

《世说》大多取材于野史杂传，给人以“史余”的印象，但其对史传传统的扬弃过程一直如影随形地进行着（刘强、吴寅，2005：114）。

由此可见，“世说新语”指的是对稗官野史或街谈巷议等杂史的新的记录。“语”是“记录”之意，“说”是“小说”，或介乎小说和史传之间的“野史杂传”。因此，马氏译文显然更切合原文意思，杨氏夫妇译文则因为混淆了两个字的含义，因而译文并没有译出原文含义。

《世说》共36门，每门名称由两字构成。第二版标题的形式以并列式和偏正式为主。并列式由连接词and连接两个具有并列关系的词，共24处，例如：

言语：Speech and Conversation

文学：Letters and Scholarship

方正：The Square and the Proper

识鉴：Insight and Judgement

赏誉：Appreciation and Praise

规箴：Admonitions and Warnings

偏正式为前一个字对后一个字有修饰和限定关系，共6处，例如：

德行：Virtuous Conduct

雅量：Cultivated Tolerance

品藻：Grading Excellence

捷悟：Quick Perception

夙惠：Precocious Intelligence

贤媛：Worthy Beauties

有学者研究后发现，马氏的类目翻译与原文在语言的结构上对译得十分准确（范子烨，1998）。在标题的语意上，也有学者分析了原文标题，并比较马氏译文第一版的译文标题，认为马氏译文可谓得其要领（宁稼雨，2000），例如：“言语”译为“Speech and Conversation”，“文学”译为“Letters and Scholarship”，“品藻”译为“Classification According to Excellence”，“捷悟”译为“Quick Perception”等，译者都能够很好地把握原文的深层含义，并结合了每门的具体内容，考虑刘义庆并非弘扬儒家思想，而提倡虚玄简远的自由人格与气质，综合多种因素，最后选择适合原文含义的译文。

此外，马氏在第二版中对第一版的部分标题做了修改，见表 22：

表 22 马氏《世说》第一版和第二版类目名称改译一览

原文	第一版译文	第二版译文
品藻	Classification According to Excellence	Grading Excellence
容止	Appearance and Bahavior	Appearance and Manner
栖逸	Living in Retirement	Reclusion and Disengagement
宠礼	Favors and Gifts	Favor and Veneration
惑溺	Blind Infatuations	Delusion and Infatuation

修改后的标题，在字词结构上更偏向于使用并列结构，译者将每个汉字都尽量译为名词，扩充了原译偏正结构所携带的含义。例如：“栖逸”谓栖身山林，隐居赋闲。魏晋时期因老庄思想大盛，隐居之风日炽，很多士人将隐居作为实现其得意忘言的审美人生态度的具体途径（宁稼雨，2000: 40）。马氏最初译为“隐退而居”（Living in Retirement），即“隐居”。但参照第二个译文，译者将 retirement 改为 reclusion 和 disengagement 另有深意。首先，retirement 有“退休”之意，表示因年老而不能继续工作，而在《世说新语 · 栖逸》中提的隐居是为刘宋时期皇室大力奖掖的隐逸，其目的不为养老，而为了躲避朝廷上争权夺利的血雨腥风。由此可见，马氏的改译更符合原文所表达的这一含义。

(2) 杨氏夫妇《汉魏》译本

杨氏夫妇的《汉魏》英文译名各版本有所不同：

第一版：*A Man Who Sold a Ghost, Chinese Tales of the 3rd–6th Centuries*

第二版：*Selected Chinese Tales of the Han, Wei and Six Dynasties Period*

第三版：*A Selected Tales of the Han, Wei and Six Dynasties Period*

第一版的英文书名由两部分构成，前半部分为译文第一篇故事的标题，第一篇选自《搜神记》，原名为“宋定伯捉鬼”，在《汉魏》中，改名为“宋定伯”，英译为“A Man Who Sold a Ghost”；后半部分解释了作品的创作时间段，并用公元纪年的方式加以划分。第二版和第三版的英文标题均严格依据中文标题《汉魏六朝小说选》，第三版英文标题更加贴近中文标题，去掉了第二版标题中的 Chinese。

三个标题相比，第一版标题有两个特征：以人及其不寻常的活动为标题，突出了译本的故事性，表达了译者希望读者能将译作视为小说的期望；隐藏了汉语标题的朝代名称，但通过增加公元纪年，为不了解中国历史的国外读者把握原作产生的历史阶段提供帮助，对于西方读者来说，公元的纪年方式为他们所熟悉，因此，译者的这种做法，有效地消除了读者因为不了解中国古代各朝各代历史发展阶段而产生的阅读障碍。

第二版和第三版标题与中文原标题《汉魏六朝小说选》非常接近，缺少第一版标题所具有的小说的新奇特征，也没有考虑到目的语读者是否可以把握汉魏六朝在世界历史发展长河中所具有的坐标。

《汉魏》中共列汉魏六朝小说中 90 篇选文，其中选《世说》19 篇[①]，编为 13 篇。译者为每篇故事重新命名并译为英文。其汉语的命名方式分为两种：① 以故事的主人公为名，例如：荀巨伯、周处；② 以故事的主人公及其行为为名，构成主谓（宾）结构，例如：温公丧妇、王子猷爱竹。见表 23：

表 23 《汉魏六朝小说选》之《世说新语》故事的篇名原文和译文

序号	汉语篇名	英译篇名
1	魏武轶事	ANECDOTES CONCERNING CAO CAO
2	荀巨伯	THE MAN WHO RISKED HIS LIFE FOR HIS FRIEND
3	石崇王恺	THE CORAL TREE

① 其中“魏武轶事”一篇收入了原文的 6 个以曹操为中心人物的语段，“王子猷爱竹”一篇下收入 2 个语段。

（续表）

序号	汉语篇名	英译篇名
4	东方朔救汉武乳母	DONGFANG SHUO THE JESTER
5	周处	THE THREE EVILS
6	王子猷爱竹	WANG HUIZHI'S IDIOSYNCRASIES
7	刘伶	LIU LING THE DRUNKARD
8	温公丧妇	WEN QIAO'S SECOND MARRIAGE
9	韩寿	THE LOVER WHO SCALED A HIGH WALL
10	服虔	TWO COMMENTATORS
11	陆机规戴渊	A TALENTED BRIGAND
12	许允妇诫	A WIFE'S ADVICE
13	吴郡智卒	THE SOLDIER WHO LOVED WINE

杨氏夫妇的英语标题译文并非原文直译，除了“魏武轶事”一篇的标题中英文基本一致，其他 12 篇都与原文有一定程度的差异。如表 23 所列，译文中，保留了原标题中人名的有 1、4、6、7、8，其他篇名则省略了原标题中的人名，取而代之以普通名词。译者选择的标准与故事主角在历史上是否名人为准，对于无名之辈或行为品德存瑕之人，则隐去不译。例如：荀巨伯，在历史记载上只知道他是汉末颍川人，生平不详，其事迹只此一件，因此，译者略去不译；石崇、王恺比富是《汰侈》一门所述，二人穷奢极侈，杀人如麻，刘义庆应是希望世人以此为戒。

综上，从整体上来看，马氏译文更注重原文的语言形式和结构，杨氏夫妇则将重点放在译文的故事性和趣味性上。从标题的选词来看，马氏译文展现给读者的是一个一个抽象名词所构成的深奥的精神世界，杨氏夫妇译文则使用了更多的普通名词，建构起充满异国情调、单纯质朴的中国社会。

4.3.2.2 序言比较

序，又称叙、前言、引子等。与序相对的是跋，跋有后记、后叙、跋尾等别称。序跋多连称。现代文学序跋主要指诗歌、小说、戏剧、散文、翻译文学五类单行本或多卷本图书上所附的由编者、著者、译者撰写的序跋。序言更具有依附性，是读者进入正文本的门径。不同的版次会有不同的序言。序言需论及作品主旨、结构、版本、文类，评价作品的优劣、价值，介绍作者的思想、意图、创作方法，交代作品的原型、语境、文化背景，是关于正文本内外的最完备的导读性文字。

序跋相对于正文本而言，依附于正文本而存在，其价值和意义就体现于此。从序跋产生的历史来看，创作是一个历时的过程，先有创作的动机或缘由，然后是具体的创作过程，创作过程中还有一些与作品创作有关联的人和事等，这些内容在正文本中难以体现出来。作家在完成作品的创作后，需要载体来记录自己的心路历程以及相关人和事。同时，读者在阅读该作品时，也需要借助这些背景知识来加深理解。如此一来，序跋就应运而生。

译作的序言通常为译者所写，是译者走出译作，与读者直接交流的空间。因此，译者往往会在序言中将翻译目的和采取的基本翻译策略“告诉”读者，拉近读者和译者之间的距离。此外，译者还会在序中介绍原作的相关信息，原作产生的背景、原作的价值、原作的结构和内容特征等，从而给读者建构阅读的基础，使读者产生阅读的兴趣，最终达到让读者接受译作的目的。

罗新璋、陈应年编撰的《翻译论集》（1982）就是一部以译者的译论为主体的翻译论文集。本书所选 180 余篇文论中，标题含“序言”“序”“自序”“引”“例言”“例”“绪言”“叙”的文章共 50 余篇。这不仅表现出译者序言对研究翻译理论的重要性，而且也说明译者序是译者表达其翻译实践感悟，总结翻译经验，提炼翻译理论的场所。

(1) 马氏《世说》译本

马瑞志的《世说》译本第一版与第二版相差《第二版前言》，其他部分的内容和结构一致。因此下面以第二版的前言为主要讨论的对象。前言分为四个部分：《第二版前言》（“Foreword to the Second Edition”）、《自序》（“Preface”）、《导论》（“Introduction”）和《附志》（“Translator’s Note”）。《第二版前言》的内容是译者对研究过《世说》译本第一版的专家和学者表示感谢，并暗示第二版将针对学界对第一版中提出的问题加以修改更正。译者还感谢了第二版的出版单位。《自序》中，译者指出《世说》翻译的可行性：白乐日（Etienne Balazs）时代的《世说》翻译不可能实现，但十年过后，情形已大不相同。在中国和日本，《世说》研究的资料更加丰富，这些资料为《世说》翻译提供了充足的前提条件。

《导论》是一篇浓缩的《世说》研究论文，范子烨认为，这篇文章是"阐发《世说》思想意蕴和历史背景的鸿文，我们应予特别的关注。在此文中，译者对《世说》进行了深入、细致和全面的阐释，多发前人所未发；而其严谨、认真的治学精神和雄浑、阔大的学术境界以及绚极归淡的撰述风格，更给人以科学的教义和智慧的启迪。"（1998: 212）

《导论》分两个部分：《〈世说新语〉的世界》（"The World of the *Shih-shuo Hsin-yü*"）和《文本源流》（"The History of the Text"）。第一部分首先讨论了《世说》最惹人争议的问题，即《世说》是小说还是史料的问题。马瑞志的观点是，由于《世说》所涉及的人物和事件在其他历史文献中都可以找到，这就表明了该书所具有的历史真实性。但马瑞志随后指出，由于《世说》所记内容成为后来中国"小说"的素材，因此该书也常常被归类在小说之列。译者还介绍了《世说》所描写的社会环境、社会观念、宗教观念和文学观念的特征。《导论》的第二部分追溯了《世说》书名的演变以及主要版本之间的差别。可以说，《导论》是一篇阐发《世说》思想意蕴和历史背景的鸿文，对于南北朝史研究具有非常重要的意义（范子烨，1998: 212）。

序言的第四部分是《附志》，其中阐述了译者的翻译策略。译者开篇提到："《世说》中并没有什么神秘到叫外国人难以理解的东西。这部书记载的遗闻轶事、会话言谈乃至人物性格大部分都是只要稍加替换就可能在任何社会上发生。因此，在复述它们的时候，译者尽可能做到接近原来的形式，虽然这种做法将导致对英文惯用法的某种'破格'，但我觉得这样逐字逐句地保留原文的意象和观念较之从英文中寻找虽然接近作者'用意'，却改变了原貌的相应词句要好得多。"（引自范子烨，1998: 217-218）

这段话道出了译者的翻译策略，也指明了影响翻译策略的原因：原作的内容和读者的理解能力。译者的翻译策略是贴近原文形式的翻译，译文的语言并不完全符合英语的习惯表达，但读者在理解上不会产生隔阂，因为译文所描绘的现象是任何一个社会都存在的。

《附志》还介绍了译文注释的规则，包括：译文中、译文后、脚注中的小括号、方括号、星号等标点符号的注释规范。最后还对附录内容做了分类并简单地逐一介绍。

(2) 杨氏夫妇《汉魏》译本

杨宪益、戴乃迭的《汉魏六朝小说选》1978 年版的《前言》(Foreword) 由译者所撰，主要内容为：汉魏六朝小说的时代、类型、历史背景、文学特征、志怪小说的特点、志人小说的特点，所反映的社会问题、其他相关小说、附录的内容、插图的目的，以及致谢。

2001 年版前言部分是一篇“出版前言”及其英文翻译“Publisher's Notes”。在这篇前言中，出版方（外文出版社）解释了出版社的基本情况、选材的标准、译者的资质、丛书编辑的质量以及丛书适用的读者群体（见附录三）。

2006 年版的《前言》文中介绍了以汉魏六朝小说为代表的古小说的三种类型。

比较马氏译本的第一、二版序和杨氏夫妇译本的第一、二版序，主要的差异体现在译者与原作的距离。马氏译本序紧贴译文本身，与译文有很强的附属关系，体现了译者对原作内容和思想的研究深度，展现了译者独特的理论功力和理解视角，因而译者序言具有了《世说》研究论文的特征。此外，在序言中，马氏将翻译的目的、过程、翻译的策略、方法、相关的人员、机构等都一一列出，让读者感受到译者深厚的学术基础和严谨的学术态度。杨氏夫妇译本第一版序为译者所著，但言简意赅，未能将原作价值、翻译缘起、翻译策略等相关信息提供给读者，虽然杨宪益先生熟读四书五经，典籍理解深入透彻，但序文一笔带过，未曾深究。第二版序言与译作并没有附属关系，从内容和发起人来看，表明了系列丛书的出版意图。

第三版的马氏译文和杨氏夫妇译文在序言的结构和内容上非常接近，

原因在于同属“大中华系列”丛书，基本结构比较一致，与译文相关的序都为他人所作，且内容以介绍原作为主，对译者的翻译目的、翻译策略等并未涉及。

综上，马氏在翻译作品中，通常在译作的序跋中解释自己的翻译目的，说明自己所使用的翻译策略，以及如何解决原文中一些较难以处理的语言现象。此外，译者对原作的理解程度、研究情况、对原作者的认识和观点，都在序跋中予以展现，从而使读者增加对原作和原作者的理解与把握，在阅读译作的时候，能够将其与原作产生联想。杨氏夫妇译文序言未能展现译者的翻译过程和翻译策略，随着版本的变化，序言有比较明显的差异。可以说，马氏通过序言为读者构建了一个进入正文的通道，读者按照译者所指方向，可以缓缓进入文本的世界，探寻译作背后原作的真相，可以感受译者翻译过程的艰辛。

4.3.2.3 注释比较

中国古代典籍的“文本语境”一般可分为“文本内”和“文本外”两者，所以又常称作“言内语境”和“言外语境”，两者均具有产生或调整意义的功能，直接影响着文本意义的准确性和整体性。然而，中国古代典籍还有个独特的现象：绝大多数通行的典籍刻本均采用“白文+注疏”的版面形式，《论语》《孟子》等经典因为优秀注疏较多，则更以“集解”的形式流行。这些注疏几乎成为典籍不可分割的一部分，与白文一起构成了严密、统一的“文本语境”，共同产生或调整“文本”的意义。这是中国古代最具有特色的庞大学术范式。

我国的《世说》研究传统以批注考释为主要特征。最早的《世说》研究开始于《世说》成书后三四十年，宋末齐初的学者史敬胤为之注释，之后二十年，梁朝学者刘孝标（462—521）作《世说注》，其书“征引浩博，或驳或申，映带本文，增其隽永”（鲁迅语）。南宋刘辰翁（1234—1297）、刘应登批点注释。其后还有众多的学者从史实考订和语词解释的角度来研究《世说》（范子烨，1997: 3）。

注释是对文本最基本的阐释。注释的对象是文本中的深文奥义、典故、风俗、方言、外语等会对读者的理解产生阅读障碍和理解障碍的语言单位。

译文中的注释通常为译者所加，是译者为辅助读者理解而在译文之外所额外增加的文本内容。通过添加注释，译者要保证读者在最基本的语义层面不会产生理解偏差，避免可能存在的理解盲点干扰译文的阅读效果。

典籍英译的加注是处理文化词语最重要的手段。所谓加注，是指在实施对原文文字翻译后，对其语言文化等方面的言外之意进行即时注释处理，这种注释与前后的译文浑然一体，完全是译文的一部分。有些译文对一些语言文化现象采用脚注或尾注的方式来处理，这种处理方式给译文读者拖沓之感。译注是包括原文、注释、今译、英译、疏解在内的一个完整的体系（王宏印，2010: 15）。

（1）马氏《世说》译本

马氏译文有三种类型的注释：随文注释、尾部注释和脚注。随文注释还可分三种形式：特殊名词的注音、历史事件发生或君王在位时间注释、古代地名在现代所隶属的省份名称注释。译文尾部注释用小括号标出同一则故事在其他文献中的出处。译文下部脚注通常以文化历史典故和词语出处考证为主。下面举例说明译者的注释方法。

随文注释

【原文】李元礼文体秀整，高自标持，欲以天下名教是非为己任。后进之士，有升其堂者，皆以为登龙门。（1.4）

【译文】Li Ying's manner and style were outstanding and proper, and he maintained a haughty dignity. He wished to take on himself the responsibility for <u>the Moral Teaching (*ming-chiao*)</u> and right and wrong for the whole realm. Among the junior scholars, if any succeeded in "ascending to his hall," they all felt they had climbed through <u>the Dragon Gate (Lung-men).</u>

译文中有两处小括号注音，第一种注音用斜体，首字母小写；第二种注释用正体，首字母大写。从译文附录的《释名》来区分这两个注音的差别，发现斜体注音为《释名》所收入，而正体注音在译文的脚注中有相关的典故解释。

比较两个词语的解释发现，前者属于文化术语，而后者属于典故词语。“名教”一词最早出现于嵇康《释私论》中的“越名教而任自然”，指儒家以正定名分为中心的传统礼教，袁宏《后汉纪》曰“夫君臣父子，名教之本也”。陈寅恪先生在《陶渊明之思想与清谈之关系》中谈道：“故名教者，依魏晋人解释，以名为教，即以官长君臣之义为教，亦即入世求仕者所宜奉行者也。其主张与崇尚自然，即避世不仕者，适相违反，此两者不同，明白已甚。”

“龙门”，《三泰（秦）记》曰：“龙门，一名河津，去长安九百里。水悬绝，龟鱼之属莫能上，上则化为龙矣。”

译者用斜、正体两种方式加以区分，便于读者在阅读过程中分类查找，同时也提示读者注意文化术语和普通的典故用词在文化含义上的差别。例如：

【原文】陈仲举言为士则，行为世范，登车揽辔，有澄清天下之志。为豫章太守，至，便问徐孺子所在，欲先看之。主薄白：“群情欲府君先入廨。”陈曰：“武王式商容之闾，席不暇暖。吾之礼贤，有何不可！”（1.1）

【译文】Ch’en Fan’s words became a rule for gentlemen and his acts a model for the world. Whenever he mounted his carriage and grasped the reins it was with a determination to purify the whole realm. When he became grand warden of Yü-chang (Kiangsi), the moment he arrived he immediately inquired where Hsü Chih was living, wishing to see him first of all. His superintendent of records reported, “The members of your staff would like you first to enter the commandery office, sir.” Ch’en replied, “King Wu (1122-1116 B.C.) bowed in his carriage before Shang Jung’s village gate, and had no leisure to keep the seat in his office warm. What is improper in paying my respects to a worthy man?”

译文中应用了两种类型的随文注释：地名的现代行政位置和事件发生的大致时间。

“豫章”是古代区划名称。最初为汉高帝初年江西建制后的第一个名称。在两晋和南朝时期，豫章郡大致相当于今江西省北部地区的地理单元。今天，“豫章”是“南昌”的别称，指南昌地区。译者以江西来注释“豫章”，确实准确。

“武王”指周武王姬发，武王伐纣大约在公元前1057年，武王胜殷后欲封商容为三公，尚容辞之不受，武王遂表商容之闾以示对忠臣的尊敬。那么译者所注时间段应在武王伐纣之前，因此存在50年左右的误差，但基本时间段是接近的。再看一例：

【原文】司马景王东征，取上党李喜，以为从事中郎。因问喜曰：“昔先公辟君不就，今孤召君，何以来？”喜对曰：“先公以礼见待，故得以礼进退；明公以法见绳，喜畏法而至耳。”（2.16）

【译文】When <u>Prince Ching (Ssu-ma Shih)</u> marched eastward <u>[to crush the rebellion of Kuan-ch'iu Chien in 255]</u> he selected Li Hsi of <u>Shang-tang (Shansi)</u> to be his junior administrator. On this occasion he asked Hsi, “Some time ago when <u>Our father (Ssu-ma I)</u> summoned you，you didn't respond. Now when We have summoned you，how is it you've come?” Hsi replied, “In the case of Your Highness's father, since I was treated with propriety, I could with propriety either accept or decline. But in the case of Your Highness I was compelled by law. It's only because I was bound by law that I've come.”

译文的随文注释类型包括：人物身份补充和历史事件信息补充。人物身份用小括号加人物的姓名音译为注，历史事件以方括号加时间和主要信息为注。

“司马景王”，《魏书》曰：“司马师字子元，相国宣文侯长子也。以道德清粹，重于朝廷，为大将军，录尚书事。毌丘俭反，师自征之。薨，谥景王。”

由此可见，司马为姓，师为名，景王为谥号，马氏译为Prince Ching，符合原文对人物的敬称，括号中加人物姓名，便于读者识别人物的身份。

“东征”指的就是景王征讨毌丘俭之事。虽原文并为给出解释，但译者在随文注释中增加了方括号注释，填补了原文没有明确指出的历史背景。

“上党”为地名，增加“山西”一注，表明该地位于现在的山西省。

“先公”为晋宣帝司马懿，文中避而不提其名是为名讳，马氏译文将人物姓名注出，以辨身份。

文尾注释

文尾注释指译者在译文末尾，为便于读者交叉查找出处，增加了括号，以注释本条在其他作品中的具体页码。例如：

【原文】李元礼尝叹荀淑、锺皓曰：“荀君清识难尚，锺君至德可师。”（1.5）

【译文】Li Ying once praised Hsün Shu and Chung Hao, saying, “Master Hsün in his pure understanding would be hard to surpass, while Master Chung in his supreme virtue may be taken as a teacher.” (*HHS* 92.12b)

译者在译文末尾增加括号注释书名和页码等信息，“*HHS*”是《后汉书》的音译缩写，读者可通过书后附录中的《缩写》查找。“92.12b”表示“卷九十二志第二·律历”。这个注释表示《德行一·五》所记录的内容在《后汉书》卷九十二志第二《律历》中也有记载。

脚注

脚注并非用来注释原文中的词句含义，而是用于解释原文中相关的历史文化背景。脚注的序号与其在译文中相应位置的上标符号一致①。例如：

【原文】王戎云：“与嵇康居二十年，未尝见其喜愠之色。”（1.16）

【译文】Wang Jung said, “I have lived with Chi K’ang for twenty years

① 本文将原译文中的上标符号改为下划线。

and never saw an expression of either pleasure or irritation on his face."

【注释】

[1]*WYCS*: Chi K'ang's surname was originally Hsi. His ancestors moved from Shang-yu Prefecture (Chekiang) to escape a grievance and settled in Chih Prefecture of Chiao Principality (S. Honan). Since his family had come from K'uai-chi (Chekiang), he took one part of the name of the principality (-chi), and pronounced if like his original name, Hsi.

[2]Wang Jung met Juan Chi when he was fifteen (ca, 250) and presumably did not begin his acquaintance with Chi K'ang or the other "Worthies of the Bamboo Grove" before that time. Since Chi K'ang was executed in 262, Wang could in that case have known him only about twelve years.

脚注 1 所注的是原作中的“嵇康”，译者重点讨论了嵇康最初的姓氏和更改姓氏的原因。《全评新注世说新语》（蒋凡，李笑野，白振奎，2009/2013）对“嵇康”的注解是：

> 《康集叙》曰：“康字叔夜，谯国铚人。”王隐《晋书》曰：“嵇本姓溪，其先避怨，徙上虞，移谯国铚县。以出自会稽，取国一支，音同本奚焉。”虞预《晋书》曰：“铚有嵇山，家于其侧，因氏焉。”《康别传》曰：“康性含垢藏瑕，爱恶不争于怀，喜怒不寄于颜。所知王濬冲在襄城，面数百，未尝见其疾声朱颜。此亦方中之美范，人伦之胜业也。”《文章叙录》曰：“康以魏长乐亭主婿，迁郎中，拜中散大夫。”（同上：21）

两相比较，马氏脚注虽未有汉语注释全面系统，但仍有辨别是非的特征，体现了译者侧重识别人物身份的做法。

脚注 2 比较特殊，译者考证的角度不是人物的身份，而是历史的真相。译者认为，嵇康与王戎不可能相处达 20 年。译者的理由是，王戎认识阮籍的时候是 250 年，那时王戎才 15 岁，在此之前，他不大可能与嵇康或其他“竹林七贤”有任何的交集。嵇康死于 262 年。因此，王戎最多认识嵇康15年，而不可能是20年。

类似这样辨别史实的脚注在马氏的译文中并不少见，使《世说》注解更具有历史考证的特征。如《言语·59》中有："初，荧惑入太微，寻废海西；简文登阼，复入太微，帝恶之。"马氏对"太微"的脚注可谓充分体现了译者的科学研究精神。马氏脚注[①]援引一系列现代天文学研究成果，充分证明了在公元371年11月15日至公元372年5月29日确实发生过《世说·言语》五九所描述的行星运动。

(2) 杨氏夫妇《汉魏六朝小说选》译本

杨宪益、戴乃迭译文通篇没有注释，第一版只有英译文，第二版、第三版都增加了原文，第三版还增加了现代汉语译文。译本中没有对原作词汇的注释或史实的考证。

4.3.2.4 附录比较

翻译作品的副文本研究大多关注的是译者在序言或跋语中对翻译过程、翻译策略、翻译思想的阐述，较少关注译者在译本后所加的附录。由于附录起到查找索引的作用，所以通常内容较短，因而往往不被纳入译者文体研究的视野。马氏译作的附录有较长的篇幅，结构上也颇具特色，对研究《世说新语》的学者有极大的助益。因此，本节重点分析马氏译本副文本的附录。

(1) 马氏《世说》译本

马瑞志译本的附录在篇幅上相当庞大，译文内容占532页，而附录内容就占201页。不仅如此，马瑞志译本附录不单收入专有名词，还对《世说》中的人物，文化宗教词语，以及《世说》研究资料等都有详细列举。因此，马瑞志译本的附录对理解原文内容具有非常重要的参考价值，为后续研究提供了一个知识信息的网络。

附录分五个部分:《传略》《释名》《缩写》《书目》和《引得》。

---

① 脚注内容详见附录八。

《传略》

《传略》涵盖《世说》中626个人物的小传。每条小传包括传主姓名的注音、汉字写法、号或小名的注音及汉字写法、生卒或任职起止年代、主要社会关系、社会地位等。在现存史书中有传记材料者，则标明其卷次和页面。对于刘孝标《注》关于传主的传记资料，则用缩写字母标示原来的书名，最后逐一列出此人在《世说》中所处的门类、条次，黑体为门类，逗号后是条次。如条次用斜体，则显示该条下之刘《注》有此人的传记资料。如下例：

CH'EN FAN 陈蕃 (Chung-chu 仲举). ca.95-168. *HHS*96.1a-11b. He became grand tutor during the regency of the Empress Dowager Tou 竇 (147-167), and joined Tou Wu 竇武 in a struggle to purge the government of eunuch control, but was killed by his adversaries. He had been removed from the capital to Yü-chang (Kiang-si), "because his loyalty and uprightness irritated the imperial relatives." *JNHHC*; *HNHHC*. **1,** *1*; **8**, 3; **9,** 1.

《释名》

《释名》主要汇集了马氏对《世说》和刘《注》的语词、术语和官衔的解释。每个条目由注音、汉字和解释三部分构成。唐异明（1986: 31）指出,《释名》这部分实际上可说是一部《世说新语汉英小词典》,《世说新语》中出现的各种各样的稍稍特别一点的词语和专有名词，包括官衔之类都可以在这里找到它们的英文解释。

王宏印（2010）认为，中国文化典籍的基本术语和关键词语往往汉译十分丰富，不能够在一个上下文中给出完整而确切的印象，考虑到这种情况的普遍性和复杂性，就有必要选择一种文外注释的方法，或采取一种综合性注释的方法，以便较好的解决这一普遍而棘手的问题。所谓“综合性注释”，就是根据一个词在中国文化典籍中的基本涵义和所指意义，编写一个综合性的知识性条目，说明它的来源、所指、扩充的涵义，以及可能的引申义等，以便定下一个基本的调子，提供一个基本的语义场，作为在整个文本和其他地方理解和掌握这一词汇的基础。

马瑞志译本的附录就是“综合性注释”的典范。周一良（1990）在《马译〈世说新语〉商兑》开篇就指出“自1976年美国学者马君瑞志英译《世说》出版，海外士林，鉴赏是书者益众。马君穷廿年之精力，除《世说》正文外，兼译刘注，译竟，特制附录四种……便利读者，尤见苦心。其中传略最有用，诚以《世说》惯例，举人名，恒用字号或官衔……不能遽辨甲乙也。”

《缩写》

《缩写》共337条，其中有87条是刘《注》所引用的或涉及的书名的缩写（加※者除外）。每条包括书名的英文拼写，中文原名，作者姓名及其生活年代（确知生卒年者则注明）。这实际上是一份刘《注》引书目录。

《书目》

《书目》分为A、B、C、D四个方面。A名为“Texts of the SSHY”，是《世说》的各种版本，包括校笺本；B名为“Translations”，是《世说》的外文译本，包括四种日本文和一种法文本；C名为“Special Studies”，是中外学者研究《世说》的专著和论文；D名为“Background Studies”，是中外学者探讨六朝社会、历史、文化和习俗等方面而与《世说》有关的论文。这个书目非常完备，可为研究六朝乃至中古文化者提供检索之便。

《引得》

《引得》各条包括译文后注释中所出现的人名，译文正文的人名注释在《传略》中查找。刘《注》所提到的人名、地名、书名（见于《世说》正文者，经常提及的如“洛阳”“建康”“会籍”等地名和省、朝代之名已见于《缩写》部分者除外）和文章名等等，其中关于儒、释、道以及《异》《老》《庄》和音乐、书法、清谈等条目对读者特别有用。这个引得的编纂，马氏借鉴了威廉·亨的《世说新语引得》和高桥清的《世说新语索引》。

（2）杨氏夫妇《汉魏》译本

相比较而言，杨氏夫妇的《汉魏六朝小说选》的附录内容则显然在内容和结构上比较单薄。第一版的附录为“Appendix: The Source Books for This Selection”；第二版“经典的回声”系列版本中则完全没有附录；第三版“大中华文库”系列版本增加了《附录》（The Source Books for This Selection）和《译者介绍》（About the Translators），《附录》与第一版Appendix内容相同。《译者介绍》简单地介绍了杨宪益和戴乃迭的主要经历、重要译作和在译界的地位。

4.3.2.5 注音比较

在翻译文本中，由于注音与原文不是同一种语言系统，因此属于外语成分。外语成分都具有一些特殊的功能。具体来说表现为三点：一是增加作品的真实感，使故事情节更贴近现实；二是帮助刻画人物，标志人物的不同地位或身份；三是营造陌生化的效果，增加读者阅读的困难，迫使读者进行思考（韩子满，2002: 55）。

（1）马氏《世说》译本

马瑞志译本采用了两种注音体系。主要使用的是威妥玛–翟里斯氏拼音法，简称威氏拼音法（Wade-Giles Romanization）。1867年英国人威妥玛出版了以北京官话口语为描写内容的汉语官话课本《语言自迩集》。书中，威妥玛用来标注汉字的一套拼音被称为“威妥玛式”拼音。后来Herbert Giles主编《华英字典》（*A Chinese-English Dictionary*，1892）时对威妥玛拼音进行了修订，合称WG，即：威氏拼音法（Wade-Giles System）。1958年汉语拼音方案公布以前，威氏拼音在国际上被广泛应用于中国的人名、地名等的读音标注。例如：

【原文】陆机诣王武子，武子前置数斛羊酪，指以示陆曰：“卿江东何以敌此？”陆曰：“有千里莼羹，但未下盐豉耳。”（言2）

【译文】When <u>Lu Chi</u> went to visit <u>Wang Chi</u>, Wang set before him several *hu*-measures of goat curd (yang-lao). Pointing them out to Lu, he asked, "What do you have east of the Yangtze River to match this?"

Lu replied, "We only have water-lily soup (*ch'un-keng*) from Thousand-li Lake (Kiangsu), and salted legumes (yen-shih) from Mo-hisa (Chien-yeh), that's all."

在马氏译文中，与威妥玛－翟里斯氏拼音法一起在译文注释中出现的还有"国语罗马字拼音法式"。1928 年由大学院（院长蔡元培）公布的《国语罗马字拼音法式》（Gwoyeu Romatzyh，简写为 G. R.）是由几位著名中国语言学家集体制订的第一个用罗马（拉丁）字母的拼音汉字方案（陈升祥，1981：43）。参加拟制的人有赵元任、刘复、钱玄同、黎锦熙、汪怡和林玉堂（即林语堂），在厦门的周辨明也提过书面意见。这些人中赵、钱、林、周都曾拟过自己的方案。例如：

【原文】

嵇康身长七尺八寸，风姿特秀。见者叹曰："萧萧肃肃，爽朗清举。"或云："肃肃如松下风，高而徐引。"山公曰："嵇叔夜之为人也，岩岩若孤松之独立；其醉也，傀俄若玉山之将崩。"（容 5）

【译文】

Chi K'ang's body was seven feet, eight inches tall, and his manner and appearance conspicuously outstanding. Some who saw him sighed, saying, "Serene and sedate (**sieu-sieu si̯uk-si̯uk*)", fresh and transparent (**si̯ ang-lâng*), pure and exalted!" Others would say, "Soughing (**si̯uk-si̯uk*) like the wind beneath the pines, high and gently blowing."

Shan T'ao said, "As a person Chi K'ang is majestically towering (**ngâm-ngâm*), like a solitary pine tree standing alone. But when he's drunk he leans crazily (**kuậi-ngâ*) like a jade mountain about to collapse."[1] (*MCYC, shang; TPYL 389, 497*)

《世说》中有 63 个重言词[①]，按格式分为两大类：AABB 式和 AA 式。AABB 式有 5 个，AA 式有叠音 12 个和叠词 46 个。叠音指作为单字或者无义，单字起标音的作用。叠词由两个词素重叠，是有意义的粘着语素或自由语素，意义与 AA 式一致或关联（丁建川，2009：164）。

在上例中，“萧萧素素”为 AABB 式重言词，“岩岩”为 AA 式重言词。“萧萧”指潇洒，悠闲；“肃肃”指严肃，庄严；“岩岩”即巨大的石头堆积的样子。马氏译“萧萧”为 serene，译“素素”为 sedate，译文辅音相同，长短接近，读起来音韵感较强，与原文重言词的音响效果颇为接近。

两种注音方式从使用频率来看，威氏注音用于音译人名、地名、作品名、文化宗教术语、物体名等名词；国语罗马字拼音法用于重言词注音。在译文中，两种注音体系除了注音符号存在差异，译者在国罗注音的前面标有“*”。需要说明的是，“大中华文库版”虽然保留了马氏在第一、二版中使用的注音系统，但省略了国罗注音前的“*”，不便于读者识别两种注音体系。

（2）杨氏夫妇《汉魏》译本

威氏注音为西方学术界普遍使用，也是西方典籍英译译者主要选择的注音方法。《汉魏》第一版于 1958 年出版，书中人名、地名使用的是威氏注音，第二、三版为汉语拼音。例如：

第一版：When Tsung Ting-po of Nanyang was young, he met a ghost one night as he was walking.（1958: 1）

第二版：When Song Dingbo of Nanyang was young, he met a ghost one night as he was walking.（2001: 3）

第三版：When Song Dingbo of Nanyang was young, he met a ghost one night as he was walking.（2006: 5）

《汉语拼音方案》在 1957 年提出，1958 年经过全国人民代表大会批

---

① 重言词是先秦汉武文学特征的继承，《诗经》中有 353 个重言词，《楚辞》中有 226 个重言词。从汉语词汇发展史的角度看，上古汉语以单音节为主，《荀子正名篇》曰“单足以喻则单，单不足以喻则兼。”最初的双音化都以单音节为基础，依靠音节重叠、读音相近的单音词连缀、添加音节等方式完成，因为读音相近、相同的单音节在以单音节为主的语境中更容易被认可为一个整体结构。重言式就是其中的典型格式之一。

准执行，1982 年经国际标准化组织承认为拼写汉语的国际标准。在 20 世纪的国际汉学界，威氏注音普及较广，是海外汉学家翻译汉语典籍，撰写汉学研究论文常用的拼音系统。因此，马氏译文和杨氏夫妇译文第一版都选择了威氏注音法。

差别在于，马氏译文为体现原作重言词在读音上的特殊效果，选择用国罗注音，杨氏夫妇译文并未采用国罗注音，忽视了重言词的音响效果。杨氏夫妇译文第二、三版不再使用威氏注音，而是采用了为国内读者所熟悉的汉语拼音，虽然没有明确的资料表明注音方式的改变源自译者或出版社的决定，但这一变化在一定程度上体现了新版译作的目的语读者群定位的改变。

4.4 本章小结

本章是马氏《世说新语》译本与杨氏夫妇《汉魏六朝小说选》译本的实证比较。比较分三个方面展开：译作取向的比较、原文导向的比较和副文本的比较。

（1）译作取向的比较。采用基于语料库的方法，比较两个译作的译文语言形式特征的基本统计信息。比较的参量包括：高频词、类符 / 形符比、词汇密度、词汇难度、平均词长和平均句长。比较发现，马氏与杨氏夫妇在语言形式上有比较明显的差异，表现为：马氏的《世说》译本中高频词比例较低、标准类符 / 形符比较高、词汇密度较高、词汇难度较高、平均词长和平均句长较长。

（2）原文导向的比较。采用语料库辅助的方法，比较两个译作相同原作部分的翻译策略，选择了文化专有项和直接引语句为考察的角度。比较发现，马氏和杨氏夫妇都采用了直译的基本策略，但马氏译文以原文为导向，通过采用补偿措施，努力让读者走近原文作者。杨氏夫妇译文以译文读者为导向，较少采用补偿措施，以减少读者的阅读负担。

（3）副文本的比较。采用例证的方法，比较两个译作的副文本特征。比较的角度分为副文本的结构和内容两个方面。在副文本的使用上，《世说》和《汉魏》的副文本在不同的版本中都发生了变化，《世说》一、二版本变化不大，但第三版有较大的改动，删除了原文几乎所有的副文本信息，只保留了译文和文内小括号注释的读音，原译的导言被放在了附录的位置。但是针对一、二版而言，《世说》的副文本结构非常严密，内容也相当丰富，体现了典型的西方人文学科研究的规范性和科学性，具有《世说》研究的学术价值。《汉魏》的副文本内容较少，结构简单，没有注释。但第一版的图片在帮助读者理解原作背景，提高阅读兴趣上很有帮助，第二版不论前言还是附录都非常单薄，第三版有明显提高，前言和附录都有内容和结构的增加，双语的形式不仅为中国读者学习英语提供了便利，也为国外读者学习汉语，了解中国传统文化创造了条件。

5 译者文体成因分析

译者的文体是译者的选择，有的选择是有意识的，有的是无意识的。在选择的过程中，译者受到了多种因素的制约。Rosenbaum（1998）认为文体是个人道德的反映，Telman（1975）认为文体体现了译者的性格特征（引自 Boase-Beier, 2006: 53）。Boase-Beier（2006）认为文体源于译者的认知模式，Hatim 与 Mason（1997）认为文体是译文读者的设计，Lefevere（1992/2004/2010）认为意识形态、诗学和赞助人决定了译者的文体，Nord（1997）认为翻译文体受到译文功能的影响，Vermeer（2000）认为翻译的目的决定了译文的文体，Venuti（1995）认为文体是译者的文化立场，Baker（2000）认为文体是译者所处的环境、原文的性质和读者的期待视野三者共同作用的结果。对翻译文体的形成原因，诸家观点不一，但总是围绕翻译活动的直接实施者——译者，各种因素只有通过译者才能在译文的文体上得到呈现。Román Álvarez 和 M. Carmen-África Vidal 两位学者认为，翻译是一种政治行为，他们指出："翻译不仅仅是将一种文本转换为另一种文本，而是将一种文化转换为另一种文化……分析译者选择了什么词语、如何在译文中排列这些词语非常重要，因为译者的每一个选择的背后都有一个动因，这个动因揭示了译者所属文化中的历史、社会和政治环境"（Álvarez & Vidal, 1996/2007: 5）。

对译者文体成因的考察将从译者自身因素和外界制约因素两个方面展开。译者自身因素的考察从译者的教育经历、译者的研究领域和译者的翻译观三个方面展开。外部制约因素从原作、译文读者和赞助人三个方面进行比较。

5.1 译者自身因素

“译本的优劣，关键在于译者，在于译者的译才，在于译者的译才是否得到充分施展”（罗新璋，1990: 288）。译者在翻译中首先是作为读者来理解原文。读者的文化修养、生活阅历和艺术鉴赏能力决定了读者对作品的理解和感受的程度。

5.1.1 译者的教育经历

5.1.1.1 马氏的教育经历

马瑞志（Richard Burroughs Mather，1913 年 11 月 11 日—2014 年 11 月 28 日），1913 年底生于中国河北省保定市，其父马德（William Arnot Mather, 1874—1957）牧师是清朝末年来到我国的美国著名传教士。马德牧师 1902 年来到中国保定四年后，马瑞志的母亲 Grace Burrows Mather（1874—1939）也来到了中国。

马瑞志幼年由母亲教育，受到环境的影响，他可以流利地用汉语进行交流。12 岁才开始接受学校教育，进入北京东郊的通州华北美国学校（North China American School）学习。1928 年，14 岁的马瑞志返回美国，进入普林斯顿中学（Princeton High School）。一年以后，马瑞志进入位于宾夕法尼亚州的莫希斯堡学院（Mercersburg Academy）就读。两年以后，17 岁的马瑞志进入了普林斯顿大学，修读艺术与考古学。

1935 年，马瑞志大学毕业，为了能够以后去中国当牧师，他又进入了普林斯顿神学院（Princeton Theological Seminary）学习。四年后获得了神学学士学位。之后，他与新婚妻子（Virginia Temple）前往美国南部的长老会教会（Southern Presbyterian Church）的一个乡间教区任职。1941 年，28 岁的马瑞志决定与妻子共赴中国，去云南的西南大学教授英美文学，并继续在中国传教。但是，因为健康问题，他决定放弃去中国传教这个“目标”（Mather, 2010: 37），留在美国传播中国文化。为了能够深入学习汉语，1941 年到 1949 年，马瑞志在加州大学伯克利分校获得东方语言专业博士学位，在此期间，他受业于著名白俄学者卜弼德（Peter Alexis Boodberg, 1903—1972）教授和我国原清华研究院四大导师之一的赵元任（1892—1982）教授。1949 年，明尼苏达大学首次开设中文课程，马瑞志受聘在当时名为“语言与比较语文学”系教授中文，并在该校执教 35 年（Mather, 2010）。

5.1.1.2 杨氏夫妇的教育经历

杨宪益（1915—2009）出生于 1915 年，他的家庭是天津的一个名门望族，其父杨霁川时任天津中国银行行长，其母徐燕如是杨行长的二夫人。幼年的杨宪益师从魏汝舟老先生学习经典作品。1928 年杨宪益进入由英国伦敦教会创办的新学书院（后改名新学中学）学习。

1936 年杨宪益进入牛津大学学习希腊拉丁文学和英国文学。1940 年，杨宪益获得了牛津大学荣誉学士学位和硕士学位。

戴乃迭（Gladys Yang, 1919—1999），原名 Gladys B. Tayler，1919 年出生于北京，她的父亲 J. B. Tayler（戴乐仁）是英国传教士。戴乃迭随父母在中国生活了 7 年，1926 年返回英国。1937 年考入牛津大学学习法文，后转攻中国文学，是牛津大学第一位，也是当时唯一的一位中文学士。

从教育经历的角度来看，马氏和戴乃迭有相似之处。由于父亲是传教士，他们都在中国北方长大，之后回到祖国学习与汉语语言相关的专业。马氏精通多种语言，如日语、法语、梵语，而且，马氏还专门研究了中国的佛教文化，完成了与佛经翻译有关的博士论文。杨宪益从小接受传统国学教育，饱读四书五经，长大后在英国学习语言相关专业。可以说，三位译者都受过顶尖高等学府的教育，马氏的英汉语言能力非常突出，杨氏夫妇珠联璧合，双语兼通。两组译者在语言能力方面都达到了较高的水平，不论是源语理解还是目的语表达，都能够比较准确地把握原文含义，选择恰当的目的语词汇句法来进行翻译。

需要指出的是，马氏译文第一版出版后，我国学者针对译文内容进行了校对，指出了其中因为理解错误而产生的翻译问题（周一良、王伊同，

1990；周一良，1993；张永言，1994/1995），表明了马氏译文受到译者自身源语能力的制约。

5.1.2 译者的研究领域

5.1.2.1 马氏的研究

马瑞志一生专注于我国古代南北朝文史研究。1935 年，马瑞志从普林斯顿大学毕业，其毕业论文研究的是中国唐朝诗人王维（701—761）的绘画艺术。马瑞志（2010: 41）在《自传》中提到，王维字摩诘，梵语就是 vimalakīrti，即《维摩经》，可以说这个研究开启了后来的博士论文研究。1949 年，马瑞志从加州大学伯克利分校毕业，其博士论文题目为《论〈维摩经〉的非二元性学说》（"The Doctrine of Non-duality in the Vimalakrti-nirdesa Sutra"）。这部论文对《维摩经》的鸠摩罗什（Kumārajīva）的汉语译本（406 年）、支谦的汉语译本（233 年）、玄奘的汉语译本（649 年）和法戒（Chos-nyid-tshul-khrims）在九世纪翻译的藏语译本进行了研究。1953 年，马瑞志在加州大学做博士后，完成对《晋书》卷 122《吕光传》的英文译注，此书收入卜弼德主持编纂的《中国中古史译丛》（*Chinese Dynastic Histories Translations*），于 1957 年由加州大学出版社出版。

马瑞志翻译《世说新语》起源于日本休假。这项工作从 1957 年开始，到 1976 年方告结束，整整持续了二十年的时间。1976 年，马瑞志翻译的《世说新语》全译注本 *Shih-shuo Hsin-yü: A New Account of Tales of the World* 由明尼苏达大学出版。

1984 年，马瑞志从明尼苏达大学退休。他的研究兴趣转向了永明时期（Age of Eternal Brilliance）（五世纪末到六世纪初）的诗歌与文化。1988 年，马瑞志的译著《诗人沈约：隐侯》（*The Poet Shen Yueh, 441-513: The Reticent Marquis*）由普林斯顿大学出版，本书介绍了永明体代表诗人沈约的生平，译注了沈约的部分诗作。接下来的 15 年，马瑞志又以惊人的毅力和极大的热情，翻译并研究了永明体代表诗人沈约 、王融 、谢朓的现存诗歌。2003 年，荷兰博睿学术出版社（Brill）出版了马瑞志译注的《永明》。本书共上下两册，上册收入沈约的诗歌及其英文译注，下册收入王融和谢朓的诗歌及其英文译注。

除了这四部主要译作和著作，马瑞志在学术刊物上发表了20余篇研究南北朝佛教思想与诗歌文学的论文和书评，例如：佛教与中国本土宗教的冲突（1955），中国和印度的饮食文化（1981），谢灵运山水诗的佛教思想（1958），孙绰（314—371）的玄言诗（1961），王巾《头陁寺碑文》中的佛教行文体例（1958），《世说》中“清谈”的例子（1964），中国的文章与学术（1964），六朝时期洛阳和南京的方言（1968），《世说·言语》的谈话艺术（1971），《世说》在中国文学中的地位（1973），沈约的隐逸诗歌（1983），王融的《游仙诗》（1986），王融《法乐辞》中佛的生活与佛教徒的生活（1987），谢朓的《酬德颂》（1990），公元一到七世纪中国和印度在对方文化中的形象（1991），《大涅槃经》对中国的影响（1981），《世说》中的儿童形象（1995）等。

马氏的学术研究与其翻译实践相辅相成。他的研究领域以中国中世纪文学历史为中心，在这个知识背景下，马氏的学术视野就比普通的译者更宽广，对原作产生的时代特色和历史背景有更加准确的把握。而且，马氏博士后期间翻译《晋书》的实践过程也为后来翻译《世说》做了铺垫。

5.1.2.2 杨氏夫妇的研究

1940年杨宪益、戴乃迭回到中国，先后任教于中央大学柏溪分校、贵阳师范学院、四川光华大学。1943年杨宪益、戴乃迭加入了国民党政府设立的国立编译馆，夫妻二人分别担任编纂和编审，主要负责中国古典名著佳作的英译，并由此开始了职业翻译生涯。1952年，夫妻二人调入外文出版社，开始负责《中国文学》杂志英文版的编辑与翻译工作。1980年出任《中国文学》杂志主编。1982年，杨宪益发起并主持了“熊猫丛书”（Panda Books）的翻译。

然而，翻译并非杨宪益所最爱，他曾经说过，“对我来说，翻译只是一种职业，我们翻译的东西，我做的事都不重要。如果我能够做一点历史研究，也许成就会大一点”（2006/2011: 73）。

抗日战争期间，杨宪益在国立编辑馆做英译《资治通鉴》工作，曾撰写过论文，论述范围包括中国古代史、中国文学史、古代神话传说、古代中外关系史及中国少数民族早期史等，主要研究论文收入于《零墨新笺》和《零墨续笺》，后又收入《译余偶拾》。

关于研究的兴趣，杨宪益说，“我兴趣最大的是古代史，从春秋战国到唐宋那一段，也写过一些文章，但总是没条件，历史研究需要很多书，我去的地方都没有好的图书馆，也没有时间，翻译很忙”（2006/2011: 73）。

杨氏夫妇翻译了大量典籍作品和外语诗歌，据统计其译作有 174 种，创作文学作品和翻译研究文章有 64 部 / 篇 ①。作为文学翻译家，他们把主要的时间和精力都用在了我国典籍作品的英译上。

这也许可以解释为什么杨宪益虽有深厚的史学和文学造诣，却没有对典籍作品做过系统的史学或文学研究。与杨氏夫妇相比，马氏不仅对原作有深入透彻的研究，还受到过相关的学术训练，其译文副文本精密庞大的体系就足以展现马氏对原作的研究情况。

5.1.3 译者的翻译观

翻译观是决定译者翻译行为和翻译结果的内在原因。分析译本的语言特征，绕不开对其翻译观的参照。因为只有通过其翻译观，才能理解译者在翻译过程中所采取的种种策略，也才能对这些策略所产生的译文进行更客观地评价。

5.1.3.1 马氏的翻译观

马氏在学术作品中经常会提到关于翻译的问题。其中有几个比较突出的重点：注释、术语、诗歌。

（1）注释

马氏（1964：351）认为，由于译文读者缺乏必要的背景知识，会给阅读来带阻碍，因此，添加大量注释可以缩短读者与译作的距离。但是，这样一来，在形式上会有喧宾夺主的效果，注释过于庞大，而原作却非常

① 王晨：翻译家杨宪益研究 [D]. 上海外国语大学硕士论文，2009. 附录 1.

短小。不仅如此，马氏认为，就算注释内容特别丰富，也不能完全表达出原文的深层意义。他指出，“汉语原文中优美的模糊被死板的英语句法转换了以后变得平淡无味，这简直是对原文的罪行”（同上）。所以，就算有大量的注释，如果读者读完译文后依然感觉模棱两可，那么这就是译者希望的效果，因为原文并不清晰，译文也不应该是清晰的。

马氏在翻译《世说》的过程中，不仅将《世说》的刘孝标注的部分内容也译为英文，还增加了大量的注解。关于这一做法，马氏在《世说》的《附志》中解释说，“如果生活在《世说》问世后二三十年时间的刘峻认为有必要增加使《世说》篇幅由原来的八卷增至十卷的注释，那么，对于现代的外国读者来说，理解原文不仅需要刘峻的注释，也需要详细的解释并不奇怪”[①]（Mather, 1976: xxxi）。由此可见，马氏增加注释主要是为了便于读者理解原作，译者希望通过这种方式，洞察秋毫，准确无误地传达原作的内容，使译文历历可辨。

（2）术语

马氏（1960）认为，准确的术语翻译能够让读者正确理解术语的含义，比如人名的翻译需要前后要一致；植物、动物名如果可以在英语文化中找到对等物就不要用音译（1972）。在一篇文章中，马氏谈到了术语的翻译问题，“紫微星”不能译为 Tzu-wei star，因为紫微不是一个星，而是一个垣（enclosure），由 15 颗围绕着北极星的星星共同组成，而位于中间的北极星占着天子（the Son of Heaven）的位置（Mather, 1978: 417）。译者在翻译术语的时候，遵循严谨的科学态度，力求用真实和客观的翻译展现准确的知识与信息。

（3）诗歌

马氏（1964：352）认为，在翻译诗歌的时候，为了押韵而牺牲对意思的正确理解，甚至调整词序，都会导致比不押韵更加严重的错误。如果原作的文体特征是其出名的主要原因，那么译作也应该体现出这种文

① 原文：“If even Liu Chün, the original commentator, who lived only two or three generations after the *Shih-shuo hsin-yü* was first published, found it necessary to increase the bulk of the original text from eight scrolls to ten with his Commentary, it is no wonder that modern readers from a different culture would need not only his, but still further elucidation.” (1976: xxxi)

体上的特征。对仗句的翻译一定要与原作对应起来。古代汉语和英语在词汇的顺序上有比较相似的规则，译者应该尽量“尊重原文的词序”，尤其是平行的对句（parallel couplets）（Mather, 2000: 246-247）。在这篇文章中，马瑞志举若干译例说明了自己的观点，认为改译后的表达与原文更加贴近。例如：

【原文】
柔条纷冉冉
落叶何翩翩
【他人译】
Tender boughs bob up and down，
How elegantly the fallen leaves fly.
【马译】
Tender boughs confusedly bob up and down，
While falling leaves—how fluttering they fly!

与他人译文（译者不详）相比，马氏指出，他的译文保留了原诗词语排列的结构和顺序，“落叶何翩翩”一句，他人译文调整了原文顺序，将“fallen leaves”放在句尾。马氏译文选择了“falling leaves”并将其放于句首，“何”译为“how”，而“翩翩”译为“fluttering they fly”，译文在词语排列的顺序上与原文相当接近。再来看一例：

【原文】
侵夜鸾開鏡
迎冬雉獻裘
【他人译】
As night comes she opens the phoenix mirror,
In winter he is presented a bird-head coat.
【马译】
With approaching nightfall, phoenixes will open up the mirror,

And to welcome winter, pheasant [-heads] present a coat.

他人译调整了句子的主语，由“鸾”和“雉”改为“she”和“he”，因而改变了原句的叙述方式，与原文的意象排列有所不同。马氏不赞成这样的调整，他的译文紧贴原文，采用了主动语态，还原了原文的意象排列方式，在结构上与原文更为接近。

马氏在书评中多次强调这一翻译观点。例如，在《抱朴子》译文的书评中，马氏（1980：328-329）指出，译者使用解释、扩充和省略的方式，改变了原文的平行对仗句。虽然这样可以降低乏味和单调的感觉，但这样的做法是错误的，因为原文作者葛洪的文学文体是他最受称道的一个原因。译者应该给读者展现一个“忠实的复制品”。忽视平行结构会产生一个非常严重的问题，就是短语不对应。本该在一起的短语被分开放在了不同的对偶句里。虽然诗歌的感觉被保存下来，但是，细微的平衡和鲜明的对比被牺牲掉了。在另一则书评里，马氏（Mather, 1972）讨论了华滋生（Watson）翻译的《庄子全集》。他认为，译文中存在大量的问题，主要表现在忽略了原文的形式特征。例如，押韵的诗句被翻译成了散文，重言词的翻译没有体现叠音特征等。

在《世说》的翻译中，马氏对原文结构和形式的遵循是其译文的一大特征。他在《世说》的《附志》（“Translator’s Note”）中针对自己的这一翻译策略做出了明确的解释，“这部书记载的遗闻轶事、会话言谈乃至人物性格大部分都是只要稍加替换就可能在任何社会上发生的。因此，我在复述它们的时候，尽可能做到接近原来的形式，尽管这种做法将导致对英文惯用法的某种‘破格’，但我觉得这样逐字逐句地保留原文的意象和观念较之从英文中寻找虽然接近作者‘用意’，却改变了原貌的相应词句要好得多”[①]（范子烨译，1998：218）。

① 原文：“Nothing in the *Shih-shuo Hsin-yü* is really so esoteric as to be inaccessible to those who are not native to Chinese culture. The anecdotes, conversations, and characterizations gathered here are mostly of a kind which, given a few substitutions, could occur in any society. For this reason, I have tried to retell them as nearly as possible in their original form, even when this results in some ‘barbarization’ of normal English idiom, feeling as I do that preserving the verbal images and conceits of the original text is better than finding the English equivalent which comes nearest to the ‘intention’ of the author but changes his images in the process.”（1976: xxxi）

在这段话里，马氏强调了“原文的形式”，并且指出通过“逐字逐句”地翻译可以保留原文的“原貌”。在翻译中经常会遇到“得意忘形”的情况，译者通常为求语言通顺而舍弃原文语言形式。马氏的这段话在译文开头就清晰地表明了自己的翻译策略，即直译原文的形式特征。例如：《世说·文学》第52篇中引用《诗经·小雅·采薇》：

昔我往矣，
杨柳依依；
今我来思，
雨雪霏霏。

马氏译为：

Then, when we departed,
Poplars and willows were waving;
Now, as we're returning,
Sleet and snow are flying.

原文通过景物描写，表达了士兵征战久不能归家的哀苦。“依依”：茂盛貌；“思”：语末助词；“霏霏”：雪大貌。其意为：离开时杨柳枝繁叶茂，回来时雨雪飘飞，个中滋味不难想象。原文中“杨柳”“雨雪”都被拆分成两个字来翻译，因而，“杨柳”译为polars and willows，“雨雪”译为sleet and snow。

将马氏译文与其他三位译者的译文相比（见表23），可以发现，其他译者并未将“杨柳”“雨雪”分而治之，而是将前一个字忽略，只翻译后一个字，例如，“杨柳”译为willow（s），“雨雪”译为snow（flakes）。

表 23 《诗经·小雅·采薇》的三译文比较

James Legge译文	Arthur Waley译文	许渊冲译文
At first, when we set out, The willows were fresh and green; Now, when we shall be returning, The snow will be falling clouds.	Long ago, when we started, The willows spread their shade. Now that we return back, The snow flakes fly.	When I left here, Willow shed tear. I came back now, Snow bends the bough.

5.1.3.2 杨氏夫妇的翻译观

关于文学翻译的原则、标准和方法等，杨宪益没有专笔阐述。但通过研究其译本、自传、与友人谈话等，我们还是能够对他的翻译思想有一个大体的认知。在《略谈我从事翻译工作的经历与体会》（1994/2014: 53-62）一文中，杨宪益谈到了自己对于翻译的看法。“翻译是沟通不同民族语言的工具。不同地区或国家的人都是人，人类的思想感情都是可以互通的。从这个意义来说，什么东西应该都可以翻译，不然的话，人类就只能闭关守国，老死不相往来了”（同上：59）。他认为，翻译是可行的，翻译的作用在于文化交流。

（1）注释

杨宪益不赞成增加注释的做法，在翻译的过程中，他们“尽量避免对原文做出改动，也不做过多的解释”（杨宪益，2008：3）。不加注释是因为，“……翻译的时候，不能做过多的解释。译者应尽量忠实于原文的形象，既不要夸张，也不要夹带任何别的东西。当然，如果翻译中确实找不到等同的东西，那就肯定会牺牲一些原文的意思。但是，过分强调创造性则是不对的，因为这样一来，就不是在翻译，而是在改写文章了”（杨宪益，1989/2011: 4）。因此，杨宪益认为，“最好的翻译，不仅要重视原文，注释也越少越好，让读者在阅读的快感中享受、回味”（杨宪益，2008：3）。

（2）直译

杨氏夫妇在汉籍外译的过程中尽量采取了直译，关于采取直译的目的和效果，杨宪益和戴乃迭的观点并不一致。杨宪益认为直译的目的是“尽力向世界传达出一个真实的中国文化形象，以及中国人鲜活的喜怒哀乐，为大量不同层次的对中国文化抱有兴趣、却苦于无法直接阅读中文文本的世界读者，提供了走近中国、感知中国的有效门径。换言之，有助于国外读者更真切地感受中国文明并了解当代中国”（杨宪益，2008：2）。而戴乃迭认为，“我们的灵活性太小了……大卫•霍克斯就比我们更有创造性。我们太死板，读者不爱看，因为我们偏于直译”（1989/2011: 4）。因此，她认为，“应该更富有创造性。翻译家应大致做到这样。然而，我们长期以来一直受到过去工作环境的限制，以致现在我们的翻译家比较拘泥于原文，译文平庸，还是深受过去老框框的影响”（戴乃迭，1989/2011：4）。

译者的翻译观决定了译者的翻译策略。在注释的使用上，马氏和杨氏都不赞成大量的注释，但原因各不相同。马氏认为注释过多将影响原文意义的表达，原文的艺术特征就在于语言玄妙简单，而大量的注释反而喧宾夺主。杨氏认为注释是对原文意义的增加或改变，过多的注释只能影响准确传达原文的意义。在具体的做法上，马氏采用了大量的注释，译文的副文本容量相当庞大，与译文呈 1 : 2 的态势。马氏的做法源自译者对目的语读者接受能力的期待，马氏认为，既然目的语读者明显缺乏理解译文所需的背景知识，那就需要在注释中予以补偿。杨氏并未从读者接受能力上来考虑是否应该增加注释，他关注的是如何保持原文形象不受到损害，认为过多的注释会使原文的意义受到干扰。马氏的翻译评论中虽然没有直接提到自己的翻译策略，但通过对术语的翻译、诗歌的翻译等方面的观点，可以发现译者的直译策略。杨氏夫妇明确提出了直译的策略，译文以直译为主要策略，在某种程度上也采取了变译的措施。

5.2 外部客观因素

5.2.1 原作的文体

Malmkjær（2004：13）指出翻译文本的作者研究有别于原创文本的作

者研究，因为翻译文本的作者是译者，而译者在创造翻译文本时总是带有其自身特定的目的。原创作者有更多的自由选择自己的语言表达，作者作为一个自由的创作主体用语言表达自己的心声、思想和想象力。所以文学原创文本是作者自由的、毫不受限的语言表达的结果。而翻译文本却不一样，无论译者如何有创造力，译者总要把自己的自由创作的权力收敛起来。译者必须代表原作者说话，受到原文的限制。

Katharina Reiss（1977/89：113-14）根据 Karl Bühler 所提出的语言的三个功能（represent, express, appeal），认为文本可分为四种类型：信息型（informative）、表达型（expressive）、操作型（operative）、视听型（audio-medial）。其中，信息型文本的特征是交流事实，如：信息、知识、观点等。所用的语言逻辑性强，交流的中心是文本的内容；表达型文本的特征是体现原作者的语言使用特征，作者的前景化手段以及信息的形式。操作型文本的特征是引起读者采取某种行为，这种召唤的功能旨在劝说或引导读者或文本的接受者按照某种方式采取行动，文本的语言形式是口语化的，文本的中心在于召唤。第四种是视听型文本，如电影或多媒体广告。前三种是 Reiss 主要研究的内容。

Reiss（1971/2000）认为，文本类型决定了译者的翻译策略，如：信息型文本应翻译信息，采用平实的语言，要求清晰直白；表达型文本的翻译应保留原作的美学价值，采用原作者的视角，译者需能够识别原作的文体特征；召唤型的文本应引发读者采取某种行为，将原作的功能效果转移到译作中去。

下文将简述《世说》和《汉魏》的文体特征，通过对比译文的文体效果，分析译者在选择翻译策略的时候是否受到原作文体特征的制约。

5.2.1.1 《世说新语》的文体

作为一部志人小说，《世说》所言“小说”与今天文学上讲的小说不同。照《汉书 • 艺文志》的说法，“小说家者流，盖出于稗官，街谈巷语，道听途说者之所造也”。《世说》记的是真人真事，不过只是遗闻轶事，言谈风尚；但是所记各事，可补史阙。因此《世说》虽是古代的一部小说，却一直为研究汉末魏晋间的历史、语言和文学的人所重视。从中我们可以观察到当时人物的风貌、思想、言行和社会的风俗、习尚，这确实是很好的历史资料。至于文辞之美，简朴隽永，尤为人所称道（赵小东，2014：4-5）。

《世说》产生于刘宋时代，正当汉语发展史上的中古早期，是反映魏晋南北朝时期口语的一本著名笔记小说。小说按内容分类，共分德行、言语、政事、文学、品藻等36门（即：类），每类由若干语段组成。全书共有1130个语段，一个语段记述一个故事，其中有人物、有情节、有对话、有评论。

《世说》文体有以下特征：（1）篇幅短小。《世说新语》的记述为典型的丛残小语，尺短寸书，每条长者不过二百余字，短者甚至不到十字；（2）语言清微简远。南宋刘应登《世说新语序》道："晋人乐旷多奇情，故其言语文章别是一色，《世说》可睹已。《说》为晋作，及于汉魏者，其余耳。虽典雅不如左氏《国语》，驰骛不如诸《国策》，而清微简远，居然玄胜。"明人胡应麟《少室山房笔丛》谓："读其语言，晋人面目气韵恍然生动，而简约玄淡，真致不穷。"《世说》的文体没有正史那样典雅凝重，也不像《国策》那样炜晔飞动，而表现为雅淡闲远，意余言外。

《世说》如此文体个性，与魏晋崇尚"清谈"有密切的关系。清谈由人物品评发展而来，源自东汉辨析名理、品鉴人物的风习。《世说》记述名士的言行轶闻，应是清谈风气使然。明人袁褧《重刻〈世说新语〉序》说："尝考载记，所述晋人话言，简约玄澹，尔雅有韵。世言江左善清谈，今阅《新语》，信乎其言之也。临川撰为此书，采掇综叙，明畅不繁。"

5.2.1.2 《汉魏六朝小说选》的文体

小说作为一种文学体裁，孕育于汉魏时期，诞生于唐代。汉魏时期的作品大体分为三类：第一类是记叙神、仙、鬼、怪的志怪书，如《列异传》《搜神记》等；第二类是记叙历史人物事件，但掺杂了较多怪诞无稽的内容，如《燕丹子》《汉武故事》等；第三类是记叙当时名士举止言行的书，如《世说新语》。三类记叙各有特征，并非后世说书以娱乐观众的故事形式。但由于是后世小说的最初形式，也被称为"古小说"。除第二类内容较长以外，大都是丛残小语，故事粗陈梗概，文字简古，但文约而事丰。用寥寥几笔就勾画出人物的精神风貌，用极简练的文字叙说极复杂的事物，并深得事物的韵致。

《世说》原文文体有明显的特征，独具美学价值，应属于表达型文本。马氏译文并未以文约事丰为翻译的标准，译者采取直译策略，注重保留原文的形式和内容，不仅使译文句子增长、词汇复杂、难度增加，而且还通过增加各种注释，使得每条的篇幅明显超过原文。可以说，马氏的译文并未突出原作表达型文本的特点，译作表现的是原作的信息型文本特征。杨氏夫妇译文突出了原作的美学功能，简化了原文的语言结构，省略了无关的故事情节和人物，采用了英美小说的对话方式，使译文获得了同原作一样的小说特征。

5.2.2 目的语读者的期待

接受美学（Reception Aesthetics）中的“读者期待视野”指的是以读者期待视野为中心的接受理论，这一理论使西方文论的重心由原作和原文作者转向了读者，其代表人物姚斯（Jauss）提出了读者在阅读过程中的重要作用，即读者在阅读任何作品之前就有一定的“先结构”（pre-structure），也就是其“期待视野”（horizon of expectation）。读者的期待视野使其理解作品，而且更加重要的是参与到与作品和作家互动的环节，从而批判性地接受作品，“唤醒对已读过的作品的回忆，把读者带进一定的感情状态，并随着作品的开端引起对‘中间和结尾’的各种期待”（引自仇蓓玲，陈桦，2003: 8）。

译者在进行翻译活动时，必然要考虑到自己译作的接受群体。接受群体对译作的期待以及在阅读译文时的需要都应该是译者在翻译过程中提前考虑的因素。

读者的期待视野与读者的类型有关。傅斯年（1984: 36）将译文的读者分为普通读者和学者。茅盾（1984: 365）将其分为一般读者和文艺学徒。而更为细致的分析则见于鲁迅的著作。鲁迅（1984: 275）认为，“我们译书，首先要决定给大众中怎样的读者。将这些大众，粗粗分起来：甲，有很受了教育的；乙，有略能识字的；丙，有识字无几的。”鲁迅认为，供给甲类读者的译本，应宁信而不顺。供给乙类的，还不能用翻译，至少是改作，最好还是创作，而这创作又必须并不只在配合读者的胃口，讨好了，读得多就够。丙类读者则在读者范围之外。启发他们是图画、演讲、戏剧、电影的任务（引自秦洪武，1999：49）。

辜正坤（2003：359）认为，译文的读者分为七种类型：外语盲、语言专家及一般语言工作者、外语通、纯学术工作者、一般业务性需要读者、一般娱乐性读者、获取新知的读者等，根据不同的读者，翻译应采用不同的策略。刘宓庆（2007：456）认为，书面语有三类读者：专业读者（the professional reader）、高级读者（the advanced reader）和一般读者（the general reader），读者的阅读能力是译者需要考虑的重要因素。Reiss（2000/2004：30）认为，如果作者期待的读者是专家型读者，翻译的时候在术语上应该与原文一样准确；如果作者期待的读者是普通大众，翻译就应该表现出对原文文体的关注。

由于不同类型的读者有不同的需求，译者则会采用相应的策略来满足不同读者的需要，因而译文在语言和内容上会有所体现，从而导致译文的文体产生差异。

5.2.2.1 马氏的读者评价

根据马瑞志《世说新语》译本的书评及研究论文可见，马瑞志译文的读者大致分为两种类型：（1）中古史研究的专业学者；（2）翻译研究者。

马氏译本第一版于1976年出版，相关书评最早从1977年开始发表，到1980年，国外已有9篇研究论文发表。国内最早的研究始见于1985年，到1995年仍然有研究论文发表。2007年“大中华文库”系列出版了马瑞志翻译的《世说新语》汉英对照版后，在研究的理论和方法上都有了比较明显的变化。

国外学者普遍认为马氏译文对研究中国中世纪历史有重要的作用，译文的附录颇具学术价值，是译作成为中古史研究领域必备工具书的重要原因（Henriks, 1980; Gjertson, 1980; Hargett, 1977; Knechtges, 1978）。

国内学者肯定马氏译文对中古史研究的学术价值，为马氏严谨的学术精神和坚持不懈的学术态度赞叹（唐异明，1986；张永言，1994；范子烨，1998）。周一良，王伊同（1990）评价说：“马氏功力甚勤，其译《世说》也，广集佳本，勘校异文。除推敲临川正文外，孝标注，亦兼收并蓄不稍弃。犹不足，则采日人及西方学者之论著，参读唐宋诸大类书。于史事之递传，训诂之得失，慎思明辨，必求心安而后已。”

除了赞扬，学者们还对译作的副文本提出了要求。Dien（1977: 424）希望能在书后附上人名表，将人物的所有称呼都列出来；Mansvelt Beck（1978）认为缺少插图和没有详细的历史背景介绍是马译本的缺点。Henriks（1980）认为附录中《释名》的官职名应该和其他的名词一样用拼音来检索。

关于译文的文体，国外学者的观点大致分为四种：（1）认为译文选词准确、措辞优雅，读者在理解上没有障碍（Gjertson, 1980; Overmyer, 1977; Knechtges, 1978）；（2）认为译者用华丽的辞藻使本来意义就模糊的汉语词汇在英语中依然难以辨明真正的意义（Sanders, 1977）；（3）认为译文整体是精确的，但文体上有些不一致，有的地方过于直译，显得不够流畅、通顺（Henriks, 1980; Dien, 1977）；（4）译者的文体是严肃而清晰的，保留了原文中独特的叙事结构，与西方读者习惯的流畅的叙事产生了冲突，从而强化了读者的接受效果（Mansvelt Beck, 1978）。

国内学者在译文校勘上付出了极大的努力，周一良、王伊同（1990）商榷了四百十一条，周一良（1993）增补了三十七条，张永言（1994/1995）增补了二百三十六条。

此外，进入21世纪后，马氏译本受到翻译学界的重视，研究的理论和方法与之前相比都有较大变化。肖娴（2010）比较了《世说》及其英译本中的各种词汇衔接手段，探究原作与译作如何通过词汇衔接手段实现语篇的对等翻译。赵梦（2011）比较了马译本《世说新语·文学》的1976年初版和2002再版的不同之处，并对其中的词汇翻译做了校勘。郝瑞玉（2013）把《世说》的英译问题分为文化术语、文化词、典故、误译等方面，将马氏的翻译策略分为音译、直译加注、意译、化境、语境语用等。谢明君（2013）考察了马氏在翻译原文副词时采用的策略。这些研究与之前的研究之间最大的差别在于研究者的目的，研究是为了描写翻译现象，发现翻译转换中的规律。

从马氏译本的接受情况来看，马氏译本的读者群比较固定，以中古史研究者为主体，从读者对译本的评价情况来看，对于马氏译文的语言，有的读者认为准确而华丽，有的读者认为难读而模糊；对于马氏的直译策略而言，有的读者认为马氏译文准确，而有的读者认为马氏译文复杂，还有读者指出译文的错误之处；对于副文本，读者的评价普遍非常积极，认为马氏译文的学术价值就在于其系统全面的副文本。

5.2.2.2 杨氏夫妇的读者评价

杨宪益是中国当代著名的文学翻译家。他的翻译作品数量众多，本人文化造诣深厚，在译坛堪称大家。国内学术界对杨宪益、戴乃迭的研究包括：（1）译者传记，如：邹霆撰写的《永远的求索——杨宪益传》（2001）、李辉执笔的《杨宪益和戴乃迭——一同走过》（2001）、杨宪益的英文自传《漏船载酒忆当年》（2001）和回忆录《我有两个祖国——戴乃迭和她的世界》（2003）；（2）翻译家的翻译思想研究，如：王佐良的《翻译：思考与试笔》（1989）——刊载有杨宪益夫妇访问澳大利亚接受当地记者采访时谈及他们对于翻译的看法的文章，任生名的“杨宪益的文学翻译思想散记”（1993）一文；（3）翻译家的译作研究，国内译学界对于杨宪益译作的批评和评论可谓汗牛充栋，从2006年至今，发表在中国知网（CNKI）上的核心期刊中以“杨宪益”为“关键词”的研究论文篇共204条[①]。其中大部分研究都与他的《红楼梦》英译本有关。

《汉魏》译文第二版的“出版社前言”中指出，“经典的回声”丛书的首要目的是“译介”，但对于国内的英语爱好者、学习者和翻译工作者也有帮助，然而不论在国内还是国外，以《汉魏》译文为主题的研究少之又少[②]。究其原因，对目的语读者的需要不明确可能是其中一个原因。

戴乃迭曾谈到，“我们是为看不见的人民作翻译；英语翻译更是如此。我们不仅在为美国人或澳大利亚人作翻译，也在为亚非国家中懂英语的读者而工作，所以我们不知道我们的读者究竟是谁。”杨宪益的观点比较乐

① http: //epub.cnki.net/KNS/brief/result.aspx?dbprefix=CJFQ.

② CNKI 检索“主题”为“汉魏六朝小说选”和“杨宪益”，得到两条检索结果：谢承凤．从《汉魏六朝小说选》杨、戴英译本看译者主体性的彰显 [D]. 华中师范大学，2011；姜庆刚．戴乃迭短文两则 [J]. 新文学史料，2011, 03: 155-157. http: //epub.cnki.net/KNS/brief/result.aspx?dbprefix=scdb&action=scdbsearch&db_opt=SCDB.

观，他认为，“我们是知道在对谁讲话的。译者本身的观点不会在译文中出现很多，我们在竭尽全力把原文的意思忠实地传达给另一种读者，使他们能尽量理解原作的内容。我们不应过多地把自己的观点放进去，否则我们就不是在翻译而是在创作了”[①]（1980/2011：11）。

5.2.3 赞助人的制约

赞助人（Patronage）最早是出现在 André Lefevere 于 1981 年发表的名为“Translated Literature: Towards an Integrated Theory”的文章中。文章指出：“有一种赞助会极力支持某一诗学或是某一意识形态”（Lefevere, 1981: 75）。1982 年，他又发表了一篇名为“Mother Courage's Cucumbers: Text, System and Refraction in a Theory of Literature”的文章，指出 patronage 是“一个能够对文学系统施加规约性作用的实体（a regulatory body），可以是个人（person）、团体（persons）或是机构（institutions）……这些实体可以对文学系统施加赞助”（Lefevere, 1982: 5–6）。

关于赞助人系统，Hermans 认为 Lefevere 的“文学系统有两个制约因素：其一，从文学系统外部发挥作用，保证文学和环境之间的关系，这其中有两个要素：赞助和意识形态；其二，从文学系统内部发挥作用，也包括两个要素：诗学和一个相对界定比较模糊的群体。这在 Lefevere 的定义中时常发生变化，被列为‘专家’（expert, specialist）、‘专业人士’（professional）或是‘重写人’（rewriter）”（Hermans, 1999/2004: 126）。

Munday 依据 Lefevere 的理论，将文学系统的制约要素分为三类：（1）文学系统内部的专业人士（professional）；（2）文学系统外部的赞助（patronage）；（3）占主导地位的诗学（Munday, 2008: 126）。

卢志宏（2015: 21）认为，在《翻译、改写以及对文学名声的操控》（*Translation, Rewriting, and the Manipulation of Literary Fame,* 1992）书中，Lefevere 的观点是，赞助和文学系统之间的关联是直接联系，而诗学（文学系统内都要素）和意识形态（文学系统外部要素）则经常会通过赞助间

① 原文载于澳大利亚《半球》杂志 1980 年 7—8 月，陈鑫柏译.

接发挥作用，三要素之间并非简单的并行关系。因此他认为，应沿用赞助系统的三分法：意识形态因素、经济因素、地位因素。由此可将赞助人系统分为：（1）诗学赞助人（poetological patron），即文学系统内部、具有诗学权力的人或机构；其中就包括教育机构以及 Lefevere 所谓“专业人士”（expert, specialist, critics 或是 professional）；（2）意识形态赞助人（ideological patron），即文学系统外部的、具有意识形态权力的赞助人，其中包括政党、社会阶层、皇室、宗教机构；（3）经济赞助人（economic patron），其中包括发行商和大众传媒。

马氏和杨氏夫妇的翻译都在一定程度上受到了某种赞助人的制约，赞助人对译者的制约表现在译者的选择之中，本节从译者的翻译目的入手，分析赞助人对两组译者的制约作用。

5.2.3.1 马氏的赞助人

关于翻译《世说》的起因，马氏曾经谈到：

> “我对汉学研究兴趣的产生在很大程度上要归因于这样一个事实：即我的父母是传教士，我在保定度过了我一生中的头十三年。我对魏晋南北朝那个历史阶段产生特别的兴趣，就更为偶然。三十年代，我作为一名艺术与考古专业的大学生就读于普林斯顿大学，被唐代诗人和画家王维给迷住了，特别是他以‘摩诘’为字这一事实最终引导我选择去撰写关于汉语译本《维摩经》的博士论文，那是 1949 年，我在伯克利加州大学。其实，当佛教思想最初被中国文化吸收的时候，有很多东西值得研究。当时在伯克利有两位教授，他们对中国上古、中古的历史颇感兴趣。此外，在京都的两个度假年(1956—1957，1963—1964)，我结识了日本京都大学人文科学研究所的一批学者，他们正聚在一起按部就班地搞日文译本《世说新语》。他们也邀请我参加他们的工作，搞一个英语译本《世说新语》以与其日文译本相匹配”(范子烨译，1998: 228)。

根据这段描述，马氏的翻译选择始于幼年在中国生活的经历，他对中国文化的热爱是他选择汉学研究的基础。其次，受到父母为传教士的宗教氛围影响，马氏对宗教历史研究充满了兴趣。两者结合以后，在马氏求学期间，所选的研究课题就与中国中世纪宗教文化历史有关。工作以后，马氏又在休假期间前往日本，从而开启了他与《世说新语》的不解之缘。

第二次世界大战以后，随着汉学研究的专业化和大量研究机构的建立，特别是1958年通过“国防教育法案”（National Defense Education Act）以后，美国政府和基金会开始大量投入资金，美国汉学快速发展。传统的“汉学”（sinology）研究以语文学和文献考证为特色，20世纪后半期发展起来的“中国学”（China Studies或Chinese Studies）是传统汉学与社会科学的结合。这个社会背景不仅为马氏的研究提供了研究的空间，也为马氏提供了展示的平台。马氏在加州大学受业于白俄学者Peter Alexis Boodberg（1903—1972）和语言学家赵元任（1892—1982）教授，毕业后就职于明尼苏达大学，成为当时“语言与比较语文学”系的中文教师。

在马氏的学术生涯中，他还历任《早期中世纪中国通讯信札》编委、美国大学教授联合会委员、中国中心中西部执行委员会委员、印第安那大学顾问委员会委员、《中国文学》杂志顾问委员会委员、美国宗教学术委员会委员、中国文明研究委员会中国中世纪小组委员会委员、美国学术联合会基金委员会主席、美国国家人文科学资助委员会翻译项目与学术研究基金部中国方面顾问、汉语教师联合会执行委员、亚洲研究协会项目委员会和美国东方学会项目主席等职（范子烨，1998: 226-227）。

综上，马氏的翻译是译者自发的行为，在当时美国汉学研究逐渐步入快车道的背景下，马氏的研究可以顺利推进与社会因素不无关系。可以说，从诗学角度来看，马氏的赞助人是美国汉学界这个庞大的学术领域；从意识形态上来看，马氏的赞助人是基督教的宗教信仰；从经济上来看，马氏的赞助人是高等院校的出版社。在这三者的合力下，马氏的翻译不仅体现了严密的学术研究规范，而且对原作的传译上展现出忠实于原作的宗教精神，由于《世说》第一、二版并无标价或广告，可以推断出该书并非商业性质的出版物，译者对译作拥有较高的自主权利。

5.2.3.2 杨氏夫妇的赞助人

《汉魏六朝小说选》第一版出版于 1958 年，当时，杨宪益刚升任《中国文学》杂志（英文版）的副主编（1957 年）。在那段时间里，杨氏夫妇的翻译作品选材庞杂，大致分 7 种：中国古典文学、中国现代文学、中国古典文论及文学史、中国传统戏剧、英国戏剧、古希腊、罗马文学。

关于选择如此庞杂的主要原因，杨宪益晚年时回忆道，

> “不幸的是，我俩实际上只是受雇的翻译匠而已，该翻译什么不由我们做主，而负责选定的往往是对中国文学所知不多的几位年轻的中国编辑，中选的作品又必须适应当时的政治气候和一时的口味，我们翻译的很多这类作品并不值得我们为它浪费时间。我主要翻译中国古典文学作品，所以在选材方面还所算是幸运的。但有时候即使是古典诗歌的选择也要视其‘意识形态’和政治内容而定，我们常常为编辑们选出的诗和他们争论不休，经过长时间的商讨才能达成妥协”（杨宪益，薛鸿时，2001：190）。

在这段话表明，杨氏夫妇的翻译并没有太多的自主选择权利。关于翻译的速度，杨宪益说过，“我们的翻译很快，那时是大跃进时期，什么都要快，最快的时候，翻译鲁迅的《中国小说史略》，要求越快越好，结果我们一个礼拜就译完了。无所谓质量，就是要快”[①]（杨宪益，2006/2011：71）。

尽管如此，《汉魏》第一版的副文本结构仍然完备。在《前言》中，译者介绍了作品的背景，分析了作品的特征，介绍了相关的其他作品，介绍了附录的内容，指出附图的目的，并感谢了相关的参与人。可以说，这个只有两页半的《前言》仍然具有完整的结构，与组成马氏《世说》序言的三个板块的功能非常接近。

综上可见，杨氏夫妇译作的赞助人在经济上以出版社为代表，在选材上缺乏自主权；在意识形态上受到当时社会风潮的制约；在诗学上，译者主要受到来自西方的学术规范的制约。

---

① 原文刊于《中华读书报》2006 年 6 月 8 日。

5.3 本章小结

本章从译者自身因素和外部客观因素两个方面，综合分析了制约译者文体的成因。

译者自身因素的分析发现：

（1）在教育经历方面，两组译者都受过较好的高等教育，其语言能力并不是影响译作文体的主要原因。差别在于，马氏长期浸淫学界、操翰成章，译文语言溢美飞香、曲径通幽；杨氏夫妇译笔生花、勤耕不辍，译文读来行云流水、通畅简达；

（2）在研究领域方面，马氏专攻中国古代宗教历史文学，研究的深度和广度在美国汉学家中堪称罕见；杨宪益精通国学典籍，无论是含义的理解还是方向的把握，都能得心应手，游刃有余，占尽优势。但在史学研究方面，杨宪益虽有兴趣爱好，也有一些成果，却因为翻译任务繁忙，无暇顾及个人研究兴趣；

（3）在译者的翻译观方面，马氏强调保留原文形式和内容，表现在逐字翻译和依据原文句法结构翻译的直译策略上；杨氏夫妇的翻译观以直译为主，变译为辅，两种方式交错使用，变化灵活。

外部客观原因的分析表明：

（1）在原作文体的制约方面，马氏译作偏重原作的信息功能，重视内容和形式上与原作接近；杨氏夫妇译作偏重原作的表达功能，重视原作的文体效果和审美价值。因此，马氏译文偏离了原文的小说文体特征，而杨氏夫妇译文则较好地再现了原作的文体；

（2）在目的语读者的期待方面，马氏译作的目的语读者群体以国外中古史研究者为主，兼有国内魏晋南北朝史学者；杨氏夫妇译作的目的语读者以英美国家普通读者为主，兼有国内英语学习者。通过马氏译作的书评，可以看出，马氏译作的副文本最受读者认可，而其直译的策略最受争议，表明马氏译作受目的语读者期待制约较多。杨氏夫妇译作的读者评价较少，这可能与该书出版后只在国内发行有一定的关系，迄今并没有国外研究者对杨氏夫妇的《汉魏》译本进行研究，国内研究也寥寥无几，并未产生太大的反响。但从杨氏夫妇译文第一版的副文本结构和注音规范上，可以看出译者并未忽视目的语读者的期待。

（3）在赞助人的制约方面，虽然两组译者的诗学、意识形态和经济赞助人并不完全相同，但译者的原文选择、翻译规范和翻译策略都在一定程度上受到了赞助人的制约。差别在于，马氏译文受诗学和意识形态赞助人制约较多，表现为译者选材的目的性和译文鲜明的学术性；杨氏夫妇译文所受意识形态和经济赞助人的制约更多，表现为译者选材和翻译速度上所受的明显制约。

在以上六个方面的比较中，两组译者所受的内外因素各有侧重。马氏的选择体现了他作为汉学家的内在需要和动力，杨氏夫妇的选择体现了他们作为译者所受到的外部制约和干预。这一分析的结果也说明，译者的翻译过程受到各种因素的制约，而原作的文体只是影响译作文体的一个因素，且并非唯一因素。

6 结论

译者和译作的地位一直以来都被原作和原作者所遮蔽。随着翻译研究的发展，研究者越发意识到译者和译作在目的语文化中的重要地位。译者作为翻译活动的主体，既是原作的解读者，也是译作的生产者。译者的声音始终伴随着原作者的声音呈现在译文中。对译者文体的研究不仅关注译作的文体，更彰显出译者在翻译过程中的主体性地位。

6.1 研究总结

本研究以译者文体为研究对象，通过比较美国汉学家马瑞志（Richard B. Mather）的《世说新语》译本和我国翻译家杨宪益、戴乃迭的《汉魏六朝小说选》译本，分析了译者的文体特征，解释了译者文体的形成原因。

研究在理论上以描写翻译学和语料库翻译学为基础，采用跨学科的视角，借鉴了语料库语言学、文体学和叙事学的观点；在方法上遵循定量和定性研究相结合的思路，将基于语料库的基本统计分析方法与译文语言形式特征分析相结合，将语料库辅助的频次计算与具体案例比较相结合，力求综合全面地对译者的文体进行描写和解释。

通过分析案例，尝试构建了一个分析译者文体的有效模式，在该模式的分析结果上，对译者文体的形成原因进行了比较全面的解释，从基本概念界定、研究框架搭建，到解释机制设计，尝试解答了第一章中提出的三个问题。

研究首先通过综述“译者声音”这一概念的发展，指出叙事学是“译者文体”研究的渊源，指出“译者声音”与“译者文体”在内涵上的差别；通过比较“文体”和“风格”的概念，指出了“译者文体”研究的文体学基础。最后选择了“译者文体”为研究的基本术语，既包含了“译者声音”也包含了“译者风格”，是译者在原作和原作者声音的制约下发出的自己的声音，也是译者独特的、有别于其他译者的“声音”。“译者文体”并非文体学意义上独特的个性化的“指纹”，译作不仅包涵了译者的指纹特征，也受到了原作者指纹的干扰。

在译者文体分析方法上，前人研究多采用基于语料库的方法，强调基本统计分析和个案统计分析的应用，通过译本比较发现译作中译者独特的语言使用习惯，从而验证译者主体性在译作中的主导作用。本研究认为，译者独有的语言使用习惯难以和译者受原作等其他因素影响后形成的译文语言使用特征截然分开。两者如同拼图，相互交错。因此，对译者文体的研究如果只关注译者独特的语言使用习惯，就会忽视原作者的语言风格，就无法将研究的结果与实际的翻译活动相关联。因此，本研究认为，应兼顾译作取向和原文导向两个视角，分别考察翻译过程中译者的选择对译文文体的影响。

译作是译文和副文本相叠加的整体。译文的内容和形式在一定程度上会受到原文的制约，而副文本则是译者及其出版商选择的产物，其作用是辅助读者理解译文，提高读者对译文的接受度。因此，译者文体分析也需要考察译作副文本的特征和功能。

译作取向的分析借鉴了 Baker（2000）的分析方法，即从宏观统计的数据上，比较两个译作之间的差别，不考虑原作的语言特征，而只考虑译作的语言特征。比较表明，与杨氏夫妇相比，马氏译文高频词比例较低、标准类符 / 形符比较高、词汇密度较高、平均词长较高、平均句长较高、词汇难度较大。这个结果说明，与杨氏夫妇相比，马氏译文词汇丰富度高、信息量大、词汇和句法难度较大。杨氏夫妇译文与原创英语小说子库的特征更为接近，而马氏译文则与原创英语学术子库更为接近。

原文导向的分析以语言比较为手段，但关注译者在原文既定的情况下，采取了何种翻译的策略，从而产生了某种语言选择。由于马氏译文和杨氏夫妇译文中有部分原作相同的章节，因此选择了《世说新语》的部分章节原文，比较两个译作中相应的章节。比较采用了语料库辅助的分析方法，从文化专有项的翻译和直接引语句的翻译，对比了两个译文的语言表达特征以及译者所采用的翻译策略：

（1）文化专有项的翻译比较了人名和地名的翻译。马氏以直译为基本策略，采取补偿手段将翻译中损失的信息用注释等方式弥补到译文中，例如增加人物身份信息的注释，增加地名的地理位置注释等；

（2）直接引语句的翻译比较了直接引语翻译、直接引语分段形式以及引语中的诗歌话语的翻译。通过比较发现，马氏基本保留原文通篇使用直接引语句的形式；杨氏夫妇的译文则更为灵活，使用了直接引语、间接引语和言语行为叙述体；虽然原文直接引语内嵌于叙述话语之中，形式上浑然一体，没有区别，马氏和杨氏夫妇都采用了直接引语句分段落的方法，但杨氏夫妇译文倾向把引导语放在引语句的中部或后置倒装，从而在形式上与英美小说更为接近。

译作取向和原文导向的分析对象是译文和副文本。副文本与译文一起构成了整个译作，因此，对译者文体的分析也考察了副文本的特征。经过比较两个译作的副文本发现，马氏译作的副文本充分体现了译者对原作的研究程度，展现了译者对目的语读者期待视野的预测，是译者主体性的有力彰显。杨氏夫妇译作的副文本并未体现出以上特征，在译作的三个版本中，副文本结构都非常简单，前言部分的作者不是译者，译文内没有脚注和注释，附录部分只列有文选的出处与译者的简单介绍。总体而言，杨氏夫妇译作的副文本没有体现出译者对原作的研究情况，但译作前言后附有插图，有助于目标读者群感受原作的历史背景，产生阅读的兴趣。

译者文体成因分析以译者为中心，分译者自身因素和外部客观因素两个方面：

（1）译者自身因素分为译者受教育情况、译者研究领域和译者的翻译观。译者的受教育情况决定了译者的双语表达能力，是构成译文语言特征的基本要素。译者的研究领域反映了译者的研究兴趣和学术视野，表现在译者的翻译选材、翻译策略、翻译目的，甚至是译作的副文本内容。译者的翻译观在翻译过程中指导着译者的选择，是最终译作形式的一种动因。

马氏和杨氏夫妇在受教育层面上的比较表明，两组译者都有较好的双语能力，杨氏夫妇虽以杨宪益为主，但译文由杨宪益口述，戴乃迭润色加工而成，因此保证了在理解上准确，在表达上强于以中文为母语的译者。马氏在中国长大，能用汉语流利地交流，以英语为母语并兼通多种语言。因此，两组译者一定程度上都是双语译者，其译文的表达应该都符合英语语言习惯。但是，马氏的译文与其研究领域有明显的关系。作为魏晋南北朝史研究专家，马氏的《世说新语》译文曾在他的学术论文中有所展现和讨论，他的译文所遵循的体例和规范与其学术论文的撰写方式也非常接近。杨氏夫妇学术研究成果不多，杨宪益曾进行过文化考证研究，但与《汉魏六朝小说选》的翻译并无显著关系，这在译作的副文本中也可以看出。马氏采用的是翻译加注释的考证式翻译，杨氏夫妇旨在以译作本身来吸引读者的注意。

关于译者的翻译观，通过研究比较后发现，马氏侧重直译，原因在于译者认为原文的内容并不抗译，而且原文的形式特征具有审美价值，是原作艺术功能的载体，因此，在翻译中应努力予以保留。杨氏夫妇的观点有一定分歧，杨宪益先生认为直译的目的在于传播中华优秀文化，而戴乃迭女士认为直译并没有意译那样能够吸引读者的兴趣。关于注释，马氏和杨氏夫妇都不赞成在译文之外增加额外的解释和说明，但是马氏出于学术研究的翻译目的和对译文读者的背景知识匮乏的认识，在译文的前、中、后（前言、括号注、脚注、附录）都增加了有针对性的注释，不仅如此，他还翻译了刘孝标的部分注释。杨氏夫妇则彻底抛开了注释，以清晰干净，大量留白的页面展现出一个个故事。

（2）外部客观因素指不受译者左右但会影响译者选择的外部条件。客观因素包括原作的文体特征、译文读者的期待以及赞助人（或出版机构）。传统的对等翻译论认为，原作文体决定了译作文体，好的译文应体现出原作的文体特征。通过分析译作文体，本研究认为，马氏译文受原作文体影响较少，原作语言简练。在当时颇具口语化特色，篇章短小精悍。马氏译文语言选词生涩难懂，句子较长，句法复杂，再加上大量的注释，极大地增加了译作的篇幅。杨氏夫妇译文词汇相对简单，句子较短，口语化特色明显，对话部分有英美小说特色，与原作在当时具有志人小说的特征较为接近。

基于以上译者文体特征分析和成因分析，本研究认为，译者文体体现在译作之中，通过基本统计分析可以发现译文基本的文体特征。通过对翻译策略的考察，可以发现译文在文化词汇翻译和叙事策略选择上的特征；通过对副文本的比较，可以发现译者的翻译目的和目的语读者的期待视野。这三个因素交织叠加，既考虑了译者自身因素，关照了原作对译文的影响，同时也体现了译者对目的语读者的期待。

6.2 研究价值

译者文体研究属于语料库翻译学研究中的理论研究领域。本研究突破了以往译者文体研究单一的译作取向模式，将原文参照的译文文体分析，以及译作中的副文本分析结合起来，建构起一个综合多元的译者文体分析框架，以马氏《世说新语》译本和杨氏夫妇《汉魏六朝小说选》译本为比较的案例，分析了译者文体的特征，并解释了文体的成因。本研究对翻译学科的贡献有三点:（1）研究采用跨学科的研究视角，阐释了“译者文体”及其相关概念，明确了译者文体研究的基本内容和范畴；（2）研究采用了多种类型语料库综合使用的多重复合对比模式，将单语语料库、平行语料库结合使用，为译者文体研究提供更多的研究视角和阐释空间；（3）研究侧重实证研究，采用描写和解释的方法，拉近了翻译学科与其他相关学科的距离，这种跨学科的特点会进一步推动语料库翻译学向前发展。

通过分析译者的文体特征，研究对于典籍翻译研究也具有一定的价值：（1）译作的文体影响译作的价值。马氏《世说》译文有别于杨氏夫妇的《汉魏》译文，马氏译作的学术价值较高，杨氏夫妇译作的文学价值较高。我国典籍外译策略制定中应考虑典籍的学术价值和文学价值之间的综合协调关系，针对不同的定位，翻译的策略应该有所偏重，从而有目的性的实施典籍翻译活动；（2）译作的文体反映了译者对目的语读者的期待。马氏译文侧重固定的学术读者群体，因此译文从内容到形式，再到副文本，都体现出译者严谨的学术研究规范和谨慎细致的学术研究精神，译作在目的语读者中的接受情况也体现出译作极高的文献研究和参考价值。杨氏夫妇译作的读者群并没有明确的界限和范围，从出版社的前言中可以看出，他们的目标读者应该是国外普通读者和国内英文学习者，译作的接受和评价情况并不十分明确，相关研究寥寥无几。因此，在我国“一带一路”倡议指导下，典籍外译亟待关注读者的期待角度，明确读者群体的需要，从而制定相关的翻译政策，提高译文的接受度，在质量和特色上加快推进典籍的海外传播工作。

6.3 研究局限与展望

本研究从描述翻译学等理论视角，对译者马瑞志和杨宪益、戴乃迭的译文文体进行了系统的研究，深入探讨了马氏和杨氏夫妇的译文文体特征。在此基础上，建立了译者文体分析和解释的综合模式，但本研究仍然存在诸多不足之处：译作取向的分析还可以增加译者创作语料库和译者译文语料库的比较，从而探究译者的创作文体与翻译文体的重合情况，发现译者在译文中留下的独特的文体特征。语言特征的微观分析还可以拓展研究的理论基础和方法，增加文体学与译者文体研究的结合点，比如可以从功能文体学的角度分析译文的词汇、小句、句 / 篇章等层面的文体特证。

《世说新语》是我国古代笔记体小说的代表作之一。书里记载了自汉末至东晋年间士大夫的言谈轶事，反映了魏晋士族阶层人物的精神面貌和社会风尚。自成书以来，为历代文人所激赏，对中国文化特别是士人精神产生了深远的影响。《世说》中的动词数量仅次于名词居第二位，对动词翻译的研究将极具意义，但是，由于动词数量较多（1775 个），且以现有的语料库词性标注工具难以准确地批量处理，产生的结果依然需要手动修改和校对，这就需要花费大量的时间和精力。因此，本研究并未涉及动词的翻译，这也是研究有待深入和扩展的一个方面。

由于研究者在研究过程中对原文和译文进行了平行处理，还可以在后续的研究中研制《世说新语》的词汇翻译词典，与张永言的《世说新语辞典》（1992）配合，从不同的语言角度丰富《世说》研究的内涵和形式。

参考文献

陈大亮．谁是翻译主体 [J]．中国翻译，2004（2）：5–9.

陈建生，崔亚妮．基于语料库的中国《政府工作报告》英译本词汇特征研究 [J]．当代外语研究，2010（6）：39–43.

陈升祥．国语罗马字探源 [J]．河北师范大学学报（哲学社会科学版），1981（2）：43–51.

仇蓓玲，陈桦．读者期待视野与译者翻译策略 [J]．北京第二外国语学院学报，2003（6）：8–11.

丁建川.《世说新语》名词、动词、形容词研究 [D]．山东大学，2007.

范祥涛．文化专有项的翻译策略及其制约因素——以汉语典籍《文心雕龙》的英译为例 [J]．外语与外语教学，2008（6）：61–64.

范子烨.《世说新语》研究 [M]．哈尔滨：黑龙江教育出版社，1997.

范子烨．马瑞志的英文译注本《世说新语》[J]．文献，1998（3）：210–229.

方华文．20 世纪中国翻译史 [M]．西安：西北大学出版社，2005.

方梦之．中国译学大辞典 [M]．上海：上海外语教育出版社，2011.

方梦之．翻译策略的理据、要素与特征 [J]．上海翻译，2013（2）：1–6.

冯庆华．母语文化下的译者风格 [M]．上海：上海外语教育出版社，2008.

葛诗利．语料库间词汇差异的统计方法研究 [J]．现代外语，2010（3）：249–257.

辜正坤．外来术语翻译与中国学术问题 [J]．中国翻译，1998（6）：17–22.

辜正坤．中西诗比较鉴赏与翻译理论 [M]．北京：清华大学出版社，2003.

桂诗春．基于语料库的英语语言学语体分析 [M]．北京：外语教学与研究出版社，2009.

郭章著等．翻译名家研究 [M]．武汉：湖北教育出版社，2005.

郝瑞玉．《世说新语》的英译问题与策略研究 [D]. 山西大学，2013.

贺赛波，申丹．女性成长小说视角下的中译考察——以《傲慢与偏见》杨缤译本为例 [J]．外语与外语教学，2013（3）：70–73.

胡开宝．语料库与译学研究：趋势与问题——2007 语料库与译学研究国际学术研讨会综述 [J]．外国语，2007（5）：64–69.

胡开宝．基于语料库的莎剧《哈姆雷特》汉译文本中“把”字句应用及其动因研究 [J]．外语学刊，2009（1）：111–115.

胡开宝．语料库翻译学概论 [M]．上海：上海交通大学出版社，2011.

胡开宝．语料库翻译学研究导引 [M]．南京：南京大学出版社，2012.

胡开宝．基于语料库的莎士比亚戏剧汉译研究 [M]．上海：上海交通大学出版社，2015.

胡开宝，崔薇．基于语料库的莎士比亚戏剧汉译本中“使”字句应用的研究 [J]．外语教学，2016（1）：102–106.

胡开宝，马秀奇．莎士比亚戏剧汉译本中“good”评价意义的再现研究 [J]．当代外语研究，2015（3）：7–13.

胡开宝，毛鹏飞．国外语料库翻译学研究述评 [J]．当代语言学，2012（4）：380-395.

胡开宝，毛鹏飞．基于语料库的莎士比亚戏剧中“lord”人际意义再现研究 [J]．解放军外国语学院学报，2015（5）：100–107.

胡开宝，陶庆．汉英会议口译中语篇意义显化及其动因研究——一项基于平行语料库的研究 [J]．解放军外国语学院学报，2009（4）：67–73.

胡壮麟，刘世生．西方文体学词典 [M]．北京：清华大学出版社，2004.

黄立波．翻译研究的文体学视角探索 [J]．外语教学，2009（9）：104–108.

黄立波．基于双语平行语料库的翻译文体学探讨——以《骆驼祥子》两个英译本中人称代词主语和叙事视角转换为例 [J]．中国外语，2011（6）：100–106.

黄立波．基于语料库的翻译文体研究 [M]．上海：交通大学出版社，2014.

黄立波．《骆驼祥子》三个英译本中叙述话语的翻译——译者风格的语料库考察 [J]．解放军外国语学院学报，2014（1）：72–80.

黄立波，王克非．语料库翻译学：课题与进展 [J]．外语教学与研究，2011（2）：911–923.

黄立波，朱志瑜．译者风格的语料库考察——以葛浩文英译现当代中国小说为例 [J]．外语研究，2012（5）：64–71.

霍跃红．译者研究——典籍英译译者的文体分析与文本的译者识别 [M]．上海：中西书局，2014.

姜望琪．论术语翻译的标准 [J]．上海翻译，2005（1）：80–84.

金宏宇等．文本周边——中国现代文学副文本研究 [M]．武汉：武汉大学出版社，2014.

李绍山．语言研究中的统计学 [M]．西安：西安交通大学出版社，2001.

梁茂成．词性赋码语料库的检索与正则表达式的编写 [J]．中国外语教育，2009（2）：65–73.

梁茂成．语料库语言学研究的两种范式：渊源、分歧及前景 [J]．外语教学与研究，2012（3）：323–335.

梁实秋．读马译本《世说新语》[J]．世界文学，1990（2）.

刘强，吴寅．《世说新语》文体考辨 [J]．复旦学报，2005（2）：113–120.

刘强．《世说新语》会评 [M]．南京：凤凰出版社，2007.

刘慧丹，胡开宝．基于语料库的莎士比亚戏剧汉译中强化 / 弱化实证研究——以程度副词为例 [J]．外语教学，2014（2）：94–98.

刘宓庆．文体与翻译 [M]．北京：中国对外翻译出版公司，2007.

刘群．汉英机器翻译若干关键技术研究 [M]．北京：清华大学出版社，2008.

刘世生．西方文体学论纲 [M]．济南：山东教育出版社，1997.

刘世生，朱瑞青．文体学概论 [M]．北京：北京大学出版社，2006.

刘义庆（撰）、马瑞志（英译），张万起、刘尚慈（今译）．世说新语 [M]．北京：中华书局，2007.

刘泽权．《红楼梦》中英文语料库的创建及应用研究 [M]．北京：光明日报出版社，2010.

刘泽权，谷香娜．冷眼看世界：叙述视角关照下的《红楼梦》英译 [J]．外语学刊，2013（2）：103–109.

刘泽权，侯羽．《红楼梦》两个英译本中强调斜体词的使用及其动因研究 [J]．红楼梦学刊，2013（3）：227–242.

刘泽权，刘超朋，朱虹．《红楼梦》四个英译本的译者风格初探——基于语料库的统计与分析 [J]．中国翻译，2011（1）：60–64.

刘泽权，田璐．《红楼梦》叙事标记语及其英译——基于语料库的对比分析 [J]．外语学刊，2009（1）：106–110.

刘泽权，闫继苗．基于语料库的译者风格与翻译策略研究——以《红楼梦》中报道动词及英译为例 [J]．解放军外国语学院学报，2010（4）：87-92.

刘泽权，朱虹．《红楼梦》中的习语及其翻译研究 [J]．外语教学与研究，2008（6）：460–466.

卢静．历时与共时视域下的译者风格研究 [D]．上海外国语大学，2013.

卢晓娟．语料库驱动下的鲁迅小说译者风格研究 [M]．北京：中央编译出版社，2015.

卢志宏．再次解读 Patronage [J]．中国翻译，2015（4）：19–23.

鲁迅．中国小说史略 [M]．载《鲁迅全集》第二版（第 9 卷）[C]．北京：人民文学出版社，1981.

罗新璋．“似”与“等” [J]．世界文学，1990（2）：285–295.

罗新璋，陈应年．翻译论集（第二版）[M]．北京：商务印书馆，2009.

骆传伟．人名翻译的策略和理据 [J]．外语研究，2014（2）：77–81.

马瑞志．贝莱佩尔法译本《世说新语》审查报告 [J]．哈佛大学亚洲研究学刊，1975（35）：301–311.

马瑞志．《世说新语》法译本审查报告 [J]．读书，2002（4）：43–52.

马祖毅，任荣珍．汉籍外译史 [M]．武汉：湖北教育出版社，1997.

马祖毅．中国翻译简史——“五四”以前部分 [M]．北京：中国对外翻译出版公司，1998.

孟令子，胡开宝．基于语料库的莎剧汉译本中 AABB 式叠词应用的研究 [J]．外国语，2015（1）：82–89.

平洪．文本功能与翻译策略 [J]．中国翻译，2002（5）：21–25.

濮建忠．基于学习者语料库的中国非英语专业大学生中间语状况调查 [A]．杨惠中，桂诗春，杨达复（编），基于 CLEC 语料库的中国学习者英语分析 [C]．上海：上海外语教育出版社，2005：128–158.

秦洪武．论读者反应在翻译理论和翻译实践中的意义 [J]．外国语，1999（1）：49–55.

申丹．文学文体学与小说翻译 [M]．北京：北京大学出版社，1995.

史忠义．热奈特论文集 [C]．北京：中国发展出版社，2001.

谭载喜．西方翻译简史 [M]．北京：商务印书馆，2010.

唐异明．评《世说新语》英译本 [J]．读书，1986（2）：28–34.

童庆炳．文学经典建构诸因素及其关系 [J]．北京大学学报（哲学社会科学版），2005（5）：71–78.

涂和平．物名翻译及其标准化进程 [J]．上海翻译，2005（2）：65–67.

王宏印．中国文化典籍翻译——概念、理论与技巧 [J]．大连大学学报，2010（1）：127–133.

王克非．双语对应语料库：研制与应用 [M]．北京：外语教学与研究出版社，2004.

王克非，黄立波．语料库翻译学的几个术语 [J]．四川外语学院学报，2007（6）：101–105.

王克非．语料库翻译学十五年 [J]．中国外语，2008（6）：9–14.

王克非．语料库翻译学探索 [M]．上海：上海交通大学出版社，2012.

王立非，梁茂成．WordSmith 方法在外语教学研究中的应用 [J]．外语电化教学，2007（3）：3–7.

王立非，钱娟．我国学生英语演讲中的语块特点：基于语料库的考察 [J]．外语学刊，2009（2）：115–120.

王琴玲，黄勤．从副文本解读林太乙《镜花缘》英译本 [J]．中国翻译，2015（2）：81–85.

王青．译者的风格——基于语料库的《尤利西斯》汉译研究 [M]．桂林：广西师范大学出版社，2011.

卫乃兴．中国学生英语口语的短语学特征研究——COLSEC 语料库的词块证据分析 [J]．现代外语，2007（3）：280–291.

吴昂，黄立波．关于翻译共性的研究 [J]．外语教学与研究，2006（5）：296–302.

肖忠华．英汉翻译中的汉语译文语料库研究 [M]．上海：上海交通大学出版社，2012.

徐通锵．“字本位”和语言研究 [J]．语言教学与研究，2005（6）：5–15.

许家金，贾云龙．基于 R-gram 的语料库分析软件 PowerConc 的设计与开发 [J]．外语电化教学，2013（1）：57–62.

许家金，许宗瑞．中国大学生英语口语中的互动话语词块研究 [J]．外语教学与研究，2007（6）：437–443.

许渊冲．翻译的艺术 [M]．北京：五洲传播出版社，2006.

徐震堮．世说新语校笺 [M]．北京：中华书局，1984.

谢明君．《世说新语》副词英译研究 [D]．四川外国语大学，2013.

杨勇．世说新语校笺 [M]．香港：大众书局，1969.

杨惠中．语料库语言学导论 [M]．上海：上海外语教育出版社，2002.

杨宪益．略谈我从事翻译工作的体会 [A]．金圣华．困难见巧：名家翻译经验谈 [C]．北京：中国对外翻译出版公司，1998.

杨宪益．译余偶拾 [M]．济南：山东画报出版社，2006.

杨宪益，戴乃迭（英译）．汉魏六朝小说选 [M]．北京：中华书局，2007.

杨宪益．我与英译本《红楼梦》[A]．郑鲁南．一本书和一个世界 [C]．北京：昆仑出版社，2008.

杨宪益．从《离骚》开始，翻译整个中国：杨宪益对话集 [M]．北京：人民日报出版社，2011.

杨宪益．去日苦多 [M]．哈尔滨：北方文艺出版社，2014.

杨宪益，薛鸿时．漏船载酒忆当年 [M]．北京：北京十月文艺出版社，2001.

尹黎云．中国人的姓名文化与命名艺术 [M]．北京：华艺出版社，2005.

于红，张政．翻译为何不确定？——奎因翻译哲学研究 [J]．西安外国语大学学报，2015（4）：120–124.

余嘉锡．世说新语笺疏 [M]．北京：中华书局，2007.

查明建，田雨．论译者主体性：从译者文化地位的边缘化谈起 [J]．中国翻译，2003（1）：19–24.

张丹丹，刘泽权．《红楼梦》乔利译本是一人所为否？——基于语料库的译者风格考察 [J]．中国外语，2014（1）：85–93.

张今，张宁．文学翻译原理 [M]．开封：河南大学出版社，1987.

张玲．汤显祖戏剧英译的副文本研究——以汪译《牡丹亭》为例 [J]．中国外语，2014（3）：106–111.

章柏成，许家金．基于布朗家族语料库的英语现在进行体的历时考察 [J]．外语教学，2013（1）：42–47.

郑海凌．文学翻译学 [M]．郑州：文心出版社，2000.

周小玲．基于语料库的译者文体研究——以里雅各英译中国典籍的文体为个案 [D]．湖南师范大学，2011.

张德禄．语言的功能与文体 [M]．北京：高等教育出版社，2005.

张德禄．英语文体学重点问题研究 [M]．北京：外语教学与研究出版社，2015.

张永言．世说新语辞典 [M]．成都：四川人民出版社，1992.

张永言．马译《世说新语》商兑续貂（一）——为纪念吕叔湘先生九十寿辰作 [J]．古汉语研究，1994（4）：1–16.

张永言．马译《世说新语》商兑续貂（二）——为纪念吕叔湘先生九十寿辰作 [J]．古汉语研究，1995（1）：1–13.

赵梦.《世说新语・文学》英译商榷 [D]. 复旦大学，2011.

邹广胜. 谈杨宪益与戴乃迭古典文学英译的学术成就 [J]. 外国文学，2007（5）：119–124.

周一良、王伊同. 马译《世说新语》商兑 [J]. 清华学报（新竹），新20/2, 1990: 197–256.

周一良. 马译《世说新语》商兑之余 [J]. 国学研究，1993: 535–544.

Ahrenberg, L. Alignment [A]. In Shan-wei Chan (ed.). *The Routledge Encyclopedia of Translation Technology* [C]. London & New York: Routledge, 2015.

Aixelá, J. F. Culture-specific Item in Translation [A]. In R. Alvarez& M. Carmen-Africa Vidal (eds.). *Translation, Power, Subversion* [C]. Beijing: Foreign Language Teaching and Research Press, 1996/2007: 52-78.

Álvarez, R. & Vidal, M. C. A. Translating: A Political Act [A]. In R. Álvarez & M. C. A. Vidal (eds.). *Translation, Power, Subversion* [C]. Beijing: Foreign Language Teaching and Research Press, 1996/2007: 1-9.

Aston, G. Corpus Use and Learning to Translate [J]. *Textus*, 1999 (12): 289-314.

Baker, M. Corpus Linguistics and Translation Studies: Implications and Applications [A]. In M, Baker, G. Francis and E. Tognini-Bonelli (eds.). *Text and Technology: In Honor of John Sinclair* [C]. Philadelphia & Amsterdam: John Benjamins, 1993: 233-250.

Baker, M. Corpora in Translation Studies: An Overview and Some Suggestions for Future Research [J]. *Target*, 1995 (7/2): 223-243.

Baker, M. Corpus-based Translation Studies: The Challenges that Lie Ahead [A]. In H. Somers (ed.). *Terminology, LSP and Translation: Studies in Language Engineering, in Honour of Juan C. Sager* [C]. Amsterdam and Philadelphia: John Benjamins, 1996: 175-186.

Baker, M. Towards a Methodology of Investigating the Style of a Literary Translator [J]. *Target,* 2000 (12/2): 241-266.

Baker, M. (ed.). *Translation Studies: Critical Concepts in Linguistics* [C]. London and New York: Routledge, 2009: 283-305.

Bakhtin, M. M. *The Dialogic Imagination: Four Essays* [M]. C. Emerson & M. Holquist (trs.). Austin: University of Texas Press,1982.

Barnstone, W. *The Poetics of Translation: History, Theory, Practice* [M]. New Haven: Yale University Press, 1993.

Barthes, R. *Mythologies* [M]. A. Lavers (ed. & tr.). New York: Hill& Wang, 1957/1972.

Barthes, R. Style and Its Image [A]. In S. Chatman (ed.). *Literary Style: A Symposium* [C]. London and New York: Oxford University Press, 1971: 3-10.

Bassnett, S. & A. Lefevere (eds.). *Translation, History and Culture* [M]. London and New York: Pinter, 1990.

Bassnett, S. The Meek or the Mighty: Reappraising the Role of the Translator [A]. In R. Álvarez & M. C. A. Vidal (eds.). *Translation, Power, Subversion* [C]. Beijing: Foreign Language Teaching and Research Press, 1996/2007: 10-24.

Bassnett, S. & A. Lefevere (eds.). *Constructing Cultures: Essays in Literary Translation* [M]. Shanghai: Shanghai Foreign Language Education Press, 1998/2001.

Benjamin, W. The Task of the Translator [A]. In L. Venuti (ed.). *The Translation Studies Reader* (*3rd Edition*) [C]. London and New York: Routledge, 2012: 75-83.

Blum-Kulka, S. Shifts of Cohesion and Coherence in Translation [A]. In L. Venuti (ed.). *The Translation Studies Reader* (2nd Edition) [C]. London and New York: Routledge, 2000/2004: 290-305.

Blum-Kulka, S. and E. A. Levenston. Universals of Lexical Simplification [A]. In C. Faerch and G. Casper (eds.). *Strategies in Inter-Language Communication* [C]. London and New York: Longman, 1983: 119-139.

Boase-Beier, J. *Stylistic Approaches to Translation* [M]. Manchester & Kinderhook (NY): St. Jerome Publishing, 2006.

Booth, W. *The Rhetoric of Fiction* [M]. Chicago: University of Chicago Press, 1961.

Bosseaux, C. *How Does It Feel? Point of View in Translation: The Case of Virginia Woolf in French* [M]. Amsterdam: Rodopi, 2007.

Bowker, L. and Jennifer Pearson. *Working with Specialized Language: A Practical Guide to Using Corpora* [M]. London and New York: Routledge, 2002.

Chamberlain, L. Gender and the Metaphors of Translation [J]. *Signs,* 1988 (13): 454-472. Reprinted in Lawrence Venuti (ed.). *Rethinking Translation: Discourse, Subjectivity, Ideology* [C]. London and New York: Routledge, 1992: 57-74.

Chan, S. (ed.). *The Routledge Encyclopedia of Translation Technology* [C]. London & New York: Routledge, 2015.

Chatman, S. *Story and Discourse* [M]. Ithaca: Cornell University Press, 1978.

Chesterman, A. *Memes of Translation* [M]. Amsterdam and Philadelphia: John Benjamins, 1997.

Cicero.. De optimo genere oratorum/The Best Kind of Orator, translated by H. M. Hubbell. In De Inventione, De optimo genere oratorum, Topica, Vol. 2 of Cicero in Twenty-Eight Volumes, 1949; reprinted London: Heinemann, 354-72, 1976.

Cutter, R. J. Review of *Shih-shuo Hsin-yü: A New Account of Tales of the World* by Liu I-ch'ing; Liu Chün; Richard B. Mather [J]. *Journal of the American Oriental Society*, 2003 (123/3): 703.

Derrida, J. Des Tours de Babel [A]. In R. Schule & J. Biguenet (eds.). Joseph F. Graham (tr.). *Theories of Translation* [C]. Chicago: The University of Chicago Press, 1992.

Dien, A. E. Review of *Shih-shuo Hsin-yü: A New Account of Tales of the World* by Liu I-ch'ing; Liu Chün; Richard B. Mather [J]. *Harvard Journal of Asiatic Studies*, 1977 (37/2): 423-427.

Even-Zohar, L. The Position of Translated Literature within the Literary Polysystem [A]. In L. Venuti (ed.). *The Translation Studies Reader* (3rd Edition) [C]. London and New York: Routledge, 2012: 162-167.

Enkvist, N. E., Spencer, J. and Gregory, M. *Linguistics and Style* [M]. London: Oxford University Press, 1964.

Flotow, L. V. *Translation and Gender: Translating in the "Era of Feminism"* [M]. Shanghai: Shanghai Foreign Language Education Press, 1997/2004.

Foucault, M. What Is an Author? [A]. In J. V. Harari (ed.). *Textual Strategies: Perspectives in Post-Structuralism Criticism* [C]. Ithaca: Cornell University Press, 1979: 141-160.

Genette, G. *Narrative Discourse. An Essay in Method* [M]. Ithaca: New York: Cornell University Press, 1980.

Genette, G. *Paratexts: Thresholds of Interpretation* [M]. Cambridge: Cambridge University Press,1997.

Gentzler, E. *Contemporary Translation Theories* [M]. Shanghai: Shanghai Foreign Language Education Press, 2001.

Gjertson, D. E. Review of *Shih-shuo Hsin-yü: A New Account of Tales of the World* by Liu I-ch'ing; Liu Chün; Richard B. Mather [J]. *Journal of the American Oriental Society,* 1980 (100/3): 380-381.

Halliday, M. A. K. Linguistic Function and Literary Style: An Inquiry into the Language of William Golding's *The Inheritors* [A]. In S. Chatman (ed.). *Literary Style: A Symposium* [C]. London and New York: Oxford University Press, 1971: 330-365.

Hargett, J. M. Review of *Shih-shuo Hsin-yü: A New Account of Tales of the World* by Liu I-ch'ing; Liu Chün; Richard B. Mather [J]. World Literature *Today*, 1977 (51/4): 678.

Henriks, R. G. *Review of Shih-shuo Hsin-yü: A New Account of Tales of the World* by Liu I-ch'ing; Liu Chün; Richard B. Mather [J]. *Chinese Literature: Essays*, *Articles*, *Reviews*, (CLEAR), 1980 (2/2): 274-281.

Hermans, T. (ed.). *The Manipulation of Literature: Studies in Literary Translation* [M]. London & Sydney: Croom Helm, 1985.

Hermans, T. Translational Norms and Correct Translation [A]. In Van Leuven-Zwart and T. Naaijkens. *Translation Studies: The State of the Arts* [C]. Amsterdam: Rodopi, 1991: 155-169.

Hermans, T. The Translator's Voice in Translated Narrative [J]. *Target*, 1996 (8/1): 23-48. In M. Baker (ed.). *Translation Studies: Critical Concepts in Linguistics* (Vol. III) [C]. London and New York, Routledge, 2009: 283-305.

Hermans, T. *Translation in Systems: Descriptive and System-oriented Approaches Explained* [M]. Shanghai: Shanghai Foreign Language Education Press, 1999/2004.

Hermans, T. On Translating Proper Names, with Reference to De Witte and Max Havelaar [A]. In M. Wintle (ed.). *Modern Dutch Studies* [C]. London: Athlone, 1988: 11-13.

Holmes, J. The Name and Nature of Translation Studies [A]. In James S. Holmes (ed.). *Translated Papers on Literary Translation and Translation Studies* [C]. Amsterdam: Rodopi, 1988: 71.

Iser, W. *The Implied Reader* [M]. Baltimore: John Hopkins University Press, 1974.

Jakobson, R. On Linguistic Aspects of Translation [A]. In L. Venuti (ed.). *The Translation Studies Reader* (*2nd Edition*) [C]. London and New York: Routledge, 2004: 138-143.

Kenny, D. *Lexis and Creativity in Translation. A Corpus-based Study* [M]. Manchester: St. Jerome Publishing, 2001.

Knechtges, D. R. Review of *Shih-shuo Hsin-yü: A New Account of Tales of the World* by Liu I-ch'ing; Liu Chün; Richard B. Mather [J]. *The Journal of Asian Studies*, 1978 (37/2): 344-346.

Laviosa, S. The Corpus-based Approach: A New Paradigm in Translation Studies [J]. *Meta*, 1998a (43/4): 474-479.

Laviosa, S. Core Patterns of Lexical Use in a Comparable Corpus of

English Narrative Prose [J]. *Meta*, 1998b (43/4): 557-570.

Laviosa, S. *Corpus-based Translation Studies: Theory, Findings, Applications* [M]. Amsterdam: Rodopi, 2002.

Leech, G. N. & Michael H. Short. *Style in Fiction: A Linguistic Introduction to English Fiction Prose* [M]. London and New York: Longman Group Limited, 1981.

Leech, G. A. *Linguistic Guide to English Poetry* [M]. Beijing: Foreign Language Teaching and Research Press, 2001.

Leech, G. Stylistics [A]. In T. A. Van Dijk (ed.). *Discourse and Literature: New Approaches to the Analysis of Literary Genres* [C]. Amsterdam: John Benjamins, 1985: 39-56.

Lefevere, A. (ed.). *Translation/History/Culture: A Sourcebook* [C]. Shanghai: Shanghai Foreign Language Education Press, 1992/2004/2010.

Lefevere, A. Translated Literature: Towards an Integrated Theory [J]. *Bulletin of the Midwest Modern Language Association,* 1981 (14/1): 68-78.

Lefevere, A. Mother Courage's Cucumbers: Text, System and Refraction in a Theory of Literature [J]. *Modern Language Studies,* 1982 (12/4): 3-20.

Leuven-Zwart, Kitty M. Van. Translation and Original: Similarities and Dissimilarities [J]. *Target,* 1989 (1/2): 151-181.

Liu, I-ch'ing (with commentary by Liu Chün (translated with introduction and notes by Richard B. Mather). *A New Account of Tales of the World* [M]. Minneapolis: University of Minnesota Press, 1976.

Liu, I-ch'ing (with commentary by Liu Chün (translated with introduction and notes by Richard B. Mather). *A New Account of Tales of the World* (*2nd Edition*) [M]. Ann Arbor: University of Michigan. Center for Chinese Studies, 2002.

Liu, I-ch'ing (with commentary by Liu Chün (translated with introduction and notes by Richard B. Mather). *A New Account of Tales of the World* (*Chinese-English Edition*) [M]. Beijing: Zhonghua Book, 2007.

Mather, R. B. *The Biography of Lü Kuang,* [The Annotated Translation of

Chin shu 122]. Chinese Dynastic Histories Translations no.7. [M]. Berkeley and Los Angeles: University of California Press, 1959.

——*Shih-shuo Hsin-yü (A New Account of Tales of the World)* [M]. Minneapolis: University of Minnesota Press, 1976.

——*Shih-shuo Hsin-yü (A New Account of Tales of the World),* 2nd Edition [M]. Ann Arbor: Center for Chinese Studies, University of Michigan, 2002.

——*The Poet Shen Yüeh (441-513): The Reticent Marquis* [M]. Princeton: Princeton University Press, 1988.

——*The Age of Eternal Brilliance: Three Poets of the Yung-ming Era: Shen Yüeh (441-513), Hsieh T'iao (464-499), and Wang Jung (468-493)* [M]. Leiden: Koninklijke Brill NV, 2003.

——The Conflict of Buddhism with Native Chinese Ideologies? [J]. *Review of Religion,* 1955 (20): 25-37.

——The Landscape Buddhism of the Fifth Century: Poet Hsieh Ling-yün [J]. *Journal of Asian Studies*, 1958 (18): 67-79.

——The Mystical Ascent of the T'ien-t'ai Mountains: Sun Ch'o's "You T'ien-T'ai-shan-fu" [J]. *Monumenta Serica*, 1961 (20): 226-245.

——Wang Chin's "Dhuta Temple Stele Inscription" as an example of Buddhist Parallel Prose [J]. *Journal of the American Oriental Society (JAOS),* 1963 (83): 338-59.

——Some Examples of "Pure Conversation" in the *Shih-shuo Hsin-yü* [J]. *Transactions of the International Conference of Orientalists in Japan,* 1964 (9): 58-70.

——Chinese Letters and Scholarship in the Third and Fourth Centuries? [J]. *Journal of the American Oriental Society (JAOS),* 1964 (84): 348-391.

——A Note on the Dialects of Loyang and Nanking During the Six Dynasties in Wen Lin [A]. In Chow Tse-tsung (ed.). *Studies in the Chinese Humanities* [C]. Madison: University of Wisconsin Press, 1968: 247-256.

—— VimalakTrti and Gentry Buddhism [J]. *History of Religions,* 1968 (8/1): 60-73.

——The Controversy over Conformity and Naturalness During the Six Dynasties [J]. *History of Religions,* 1969-70 (9.2-3): 160-80.

—— The Fine Art of Conversation: The Yen-yüp'ien of the *Shih-shuo Hsin-yü* [J]. *Journal of the American Oriental Society (JAOS),* 1971 (91): 222-275.

——The *Shih-shuo Hsin-yü* and its Place in Chinese Literature [A]. In R.B. Mather (ed). *Papers of the C.I.C.* [C]. Ann Arbor: Far Eastern Language Institute, 1973, vol. 4: 39-47.

——K'ou Ch'ien-chih and the Taoist Theocracy at the Northern Wei Court [A]. In Holmes Welch and Anna Seidel (eds.). *Facets of Taoism: Essays in Chinese Religion* [C]. New Haven: Yale University Press, 1979: 103-22.

—— The Bonze Begging Bowl: Eating Practices in Medieval Monasteries of India and China. [J]. *Journal of the American Oriental Society (JAOS),* 1981 (101): 417-424.

——The Impact of the Nirvana Sutra in China [A]. In Neal Lambert (ed.). *Literature of Belief* [C]. Provo, Utah: Brigham Young University Press, 1981: 155-173.

——Shen Yüeh's Poems of Reclusion: From Total Withdrawal to Living in the Suburbs [J]. *Chinese Literature: Essays, Articles, Reviews,* 1983 (5): 53-66.

——Individual Expression of the Outsiders during the Six Dynasties [A]. In Donald Munro (ed). *Individualism and Holism: Studies in Confucian and Taoist Values* [C]. Ann Arbor: Center for Chinese Studies, University of Michigan, 1985: 199-214.

——The Life of the Buddha and the Buddhist Life: Wang Jung's "Songs of Religious Joy (Fa-le tz'u)" [J]. *Journal of the American Oriental Society (JAOS),* 1987 (107): 31-38.

——Hsieh T'iao' s "Poetic Essay Requiting a Kindness" (Ch'ou-tefu) A. D. 498 [J]. *Journal of the American Oriental Society (JAOS),* 1990 (110): 603-615.

——Chinese and Indian Perceptions of Each Other Between the First and the Seventh Centuries [J]. *Journal of the American Oriental Society (JAOS),*

1991 (111): 1-8.

——Filial Paragons and Spoiled Brats [A]. In Anne Kinney (ed.). *Chinese Views of Childhood* [C]. Honolulu: University of Hawaii Press, 1995: 111-26.

——Ritual Aspects of Hsieh T'iao's Wardenship of Hsüan-ch'eng [J]. *Early Medieval China,* 2000 (6): 32-47.

——Wang Chin's "Dhūta Temple Stele Inscription" as an Example of Buddhist Parallel Prose [J]. *Journal of the American Oriental Society,* 1963 (83/3): 338-359.

——Entry on "K'ou Ch'ien-chih". In Mircea Eliade (ed.). *The Encyclopedia of Religion* [C]. New York: Macmillan, 1986.

——Entries on "Shen Yüeh" and "Hsieh Ling-yün" [A]. In William H. Nienhauser, Jr. (ed.). *The Indiana Companion to Traditional Chinese Literature* [C]. Bloomington: Indiana University Press, 1986.

—— Entries on "The Three Kingdoms" and "The Six Dynasties" [A]. In Ainslee Embree (ed.). *The Encyclopedia of Asian History* [C]. New York: Macmillan, 1987.

—— Of Anthologie chinoise des 5e et 6e siecles: Le Che-chono-sin-yu by Bruno Belpaire [J]. *Harvard Journal of Asiatic Studies,* 1975 (36): 301-311.

—— Of The Columbia Anthology of Traditional Chinese Literature [J]. Victor H. Mair (ed.). *Chinese Literature: Essays, Articles, Reviews,* 1997 (19): 159-165.

——Of The Poetics of Decadence: Chinese Poetry of the Southern Dynasties and Late Tang Periods by Fusheng Wu [J]. *China Review International,* 2000 (7): 244-248.

——Of The Columbia History of Chinese Literature [J]. Victor H. Mair (ed.). *Journal of the American Oriental Society (JAOS),* 2003: 123.

——Buddhism in Chinese History. Arthur F. Wright [J]. *The Journal of Asian Studies,* 1959 (19/1): 71-72.

——*William Arnot Mather, American Missionary to China and Richard Burroughs Mathers, Professor of Chinese: The Biography and Autobiography of a Father and a Son* [M]. New York: The Edwin Mellen Press, 2010.

May, R. *The Translator in the Text: On Reading Russian Literature in English* [M]. Evanston, IL: Northwestern University Press, 1994.

Mahlberg, M. Corpus Linguistics and the Study of Nineteenth-century Fiction [J]. *Journal of Victorian Culture*, 2010 (15/2): 292-298.

Malmkjær, K. Translational Stylistics: Dulcken's Translations of Hans Christian Andersen [J]. *Language and Literature*, 2004 (13/1): 13-24.

Malmkjær, K. What Happened to God and the Angels: An Exercise in Translational Stylistics [J]. *Target*, 2003 (15/1): 37-58.

Mansvelt Beck, B. J. Review of *Shih-shuo Hsin-yü: A New Account of Tales of the World* by Liu I-ch'ing; Liu Chün; Richard B. Mather [J]. *T'oung Pao*, Second Series, 1978 (64/4/5): 282-298.

Marco, J. Translating Style and Styles of Translating: Henry James and Edgar Allan Poe in Catalan [J]. *Language and Literature*, 2004, 13(1): 73-90.

Mauranen, A. & Kujamaki, P. (eds.). *Translation Universals: Do They Exist?* [C]. Amsterdam: John Benjamins, 2004.

McEnery, T. & A.Wilson. *Corpus Linguistics: An Introduction* [M]. Cambridge: Cambridge University Press, 1996.

Munday, J. *Style and Ideology in Translation: Latin American Writing in English* [M]. New York & London: Routledge. 2008.

Newmark, P. *A Textbook of Translation* [M]. New York: Prentice Hall, 1988.

Nida, E. & Taber, C. *The Theory and Practice of Translation* [M]. Shanghai: Shanghai Foreign Language Education Press, 1969/2004.

Nord, C. *Textanalyze und übersetzen: Theoretische Grundlagen, Methode und didaktische Anwendung einer bersetzungsrelevanten Textanalyse* [M]. Heidelberg: Groos, 1988.

Nord, C. *Text Analysis in Translation* [M]. Amsterdam: Rodopi, 1991.

Nord, C. *Translating as a Purposeful Activity: Functionalist Approaches Explained* [M]. Manchester: St. Jerome Publishing, 1997.

Oakes, M. P. *Statistics for Corpus Linguistics* [M]. Edinburgh: Edinburgh University Press, 1998.

Olohan, M. & M. Baker. Reporting that in Translated English: Evidence for Subliminal Processes of Explicitation [J]. *Across Languages and Cultures*, 2000 (1/2): 142-172.

Olohan, M. How Frequent are the Contractions? A Study of Contracted Forms in the Translational English Corpus [J]. *Target*, 2003 (15/1): 58-89.

Olohan, M. *Introducing Corpora in Translation Studies* [M]. London & New York: Routledge, 2004.

Overmyer, D. L. Review of *Shih-shuo Hsin-yü: A New Account of Tales of the World* by Liu I-ch'ing; Liu Chün; Richard B. Mather [J]. *History of Religions*, 1977 (17/2): 194-200.

Quine, W. V. *Word and Object* [M]. Cambridge, MA: The M. I. T. Press, 1960.

Pym, A. On Shlesinger's Proposed Equalizing Universal for Interpreting [A]. In F. Pochhacker, A. L. Jakobsen, and I. M. Mees (eds.). *Interpreting Studies and Beyond: A Tribute to Miriam Shlesinger* [C]. Copenhagen: Samfundslitteratur Press, 2007: 175-90.

Pym, A. *Exploring Translation Theories* [M]. London & New York: Routledge, 2010/2014.

Reiss, K. Text-types, Translation Types and Translation Assessment [A]. In Andrew Chesterman (ed.). *Readings in Translation Theory* [C]. Finland: Oy Finn Lectura Ab, 1989: 105-115.

Reiss, K. *Möglichkeiten und Grenzen der Übersetzungskritik* [M]. Munich: M. Heuber, 1971.

Reiss, K. *Translation Criticism: Potential and Limitations* [M]. Shanghai: Shanghai Foreign Language Education Press, 2000/2004.

Rimmon-Kenan, S. *Narrative Fiction* [M]. London: Routledge, 1983/2002.

Robinson, D. *Western Translation Theory from Herodotus to Nietzsche* [M]. Beijing: Foreign Language Teaching and Research Press, 2006.

Roman, J. On Linguistic Aspects of Translation [A]. In Venuti, L.(ed.). *The Translation Studies Reader* [C]. London & New York: Routledge, 2000: 113-118.

Saldanha, G. *Style of Translation: An Exploration of Stylistic Patterns in the Translations of Margaret Jull Costa and Peter Bush* [D]. Dublin: Dublin City University, 2005.

Saldanha, G. Translator Style: Methodological Consideration [J]. *The Translator*, 2011 (17/1): 25-50.

Sanders, T. T. Review of *Shih-shuo Hsin-yü: A New Account of Tales of the World* by Liu I-ch'ing; Liu Chün; Richard B. Mather [J]. *Bulletin of the School of Oriental and African Studies*, University of London. 1977 (40/3): 642-643.

Savory, T. H. *The Art of Translation* [M]. Jonathan Cape. 30 Bedford Square, London: Cox and Wyman , Fakenham, 1968.

Scott, M. *Manual of Wordsmith* [M]. Oxford: Oxford University Press, 1998.

Schiavi, G. There is Always a Teller in a Tale [J]. *Target*, 1996 (8/1): 1-22.

Shlesinger, M. *Simultaneous Interpretation as a Factor in Effecting Shifts in the Position of Texts on the Oral-literate Continuum* [D]. Tel Ariv: Tel Aviv University, 1989.

Shuttleworth, M. & M. Cowie (eds.). *Dictionary of Translation Studies* [M]. Shanghai: Shanghai Foreign Language Education Press, 2004.

Snell-Hornby, M. *Translation Studies: An Integrated Approach* [M]. Shanghai: Shanghai Foreign Language Education Press, 1988/1995/2001.

Stockwell, P. *Cognitive Poetics: An Introduction* [M]. London & New York: Routledge, 2002.

Stubbs, M. Lexical Density: A Computational Technique and Some Findings [A]. In M. Coultard (ed.). *Talking about Text.* Birmingham: University of Birmingham, English Language Research, 1986: 27-42.

Tirkkonen-Condit, S. Unique Items—Over or Under-represented in Translated Language? [A]. In A. Mauranen and P. Kujamäki (eds.). *Translation*

Universals: Do They Exist? [C]. Amsterdam and Philadelphia: Benjamins, 2004: 177-186.

Traugott, E. C. & M. L. Pratt, *Linguistics for Students of Literature* [M]. London: Harcourt, 1980.

Tognini-Bonelli, E. *Corpus Linguistics at Work* [M]. Amsterdam and Philadelphia: John Benjamins, 2001.

Toury, G. *In Search of a Theory of Translation* [M]. Tel Aviv: Porter Institute for Poetics and Semiotics, 1980.

Toury, G. *Descriptive Translation Studies—And Beyond* [M]. Amsterdam & Philadelphia: John Benjamins, 1995/2012.

Tytler. F. A. *Essay on the Principles of Translation* [M]. London: J. M. Dent & Sons; New York: E. P. Dutton & Co., 1907.

Tymoczko, M. Computerized Corpora and the Future of Translation Studies [J]. *Meta,* 1998 (43/4): 652-660.

Ulmann, S. *Language and Style* [M]. New York: Barnes & Noble, 1964.

Ure, J. Lexical Density and Register Differentiation [A]. In G. Perren and J. L. M. Trim (eds.). *Applications of Linguistics* [C]. London: Cambridge University Press, 1971.

Venuti, L. *The Translator's Invisibility: A History of Translation* [M]. Shanghai: Shanghai Foreign Language Education Press, 2004.

Venuti, L. (ed.). *The Translation Studies Reader* (*3rd Edition*) [C]. London and New York: Routledge, 2000.

Vermeer, H. J. Skopos and Commission in Translational Action [A]. In L. Venuti (ed.). *The Translation Studies Reader* (*3rd Edition*) [C]. London & New York: Routledge, 2000: 191-202.

Vinay, J. & J. Darbelnet. Juan C. Sager & Marie-Josée Hamel (trs. and eds.). *Comparative Stylistics of French and English: A Methodology for Translation* [M]. Amsterdam and Philadelphia: John Benjamins, 1958/1995.

Virtanen, T. The Progressive in NS and NNS Student Compositions: Evidence from the International Corpus of Learner English [A]. In M. Lung (ed.).

Corpus-based Studies in English: Papers from the Seventeenth International Conference on English Language Research on Computerized Corpora, (ICAME 17) [C]. Amsterdam: Rodopi, 1997: 299-309.

Winters, M. F. Scott Fitzgerald's Die Schonen und Verdammten: A Corpus-based Study of Speech-act Report Verbs as a Feature of Translations' Style [J]. *Meta*, 2007 (52): 412-425.

Woods, A., P. Fletcher & A. Hughes. *Statistics in Language Studies* [M]. Cambridge: Cambridge University Press. 1986.

Zellermayer, M. On Comments Made by Shifts in Translation [J]. *Indian Journal of Applied Linguistics*, 1987 (13/2): 75-90.

附 录

附录一　TreeTagger 赋码集（实词）

(TreeTagger tagset)

NN	Common noun, singular or mass
NNS	Common noun, plural
NP	Proper noun, singular
NPS	Proper noun, plural
VV	Lexical verb, base form (e.g. live)
VVD	Past tense verb of lexical verb (e.g. lived)
VVG	Gerund or present participle of lexical verb (living)
VVN	Past participle of lexical verb (lived, shown)
VVP	Present tense (other than 3rd person singular) of lexical verb (live)
VVZ	Present tense (3rd person singular) of lexical verb (lives)
JJ	Adjective
JJR	Comparative adjective
JJS	Superlative adjective
RB	Adverb
RBR	Comparative adverb
RBS	Superlative adverb

附录二　本研究平行语料库文本

原文	马瑞志译文	杨氏夫妇译文
魏武少时，尝与袁绍好为游侠。观人新婚，因潜入主人园中，夜叫呼云：“有偷儿贼！”青庐中人皆出观，魏武乃入，抽刃劫新妇，与绍还出。失道，坠枳棘中，绍不能得动，复大叫云：“偷儿在此。”绍遑迫自掷出，遂以俱免。（27.1）	When Ts'ao Ts'ao was young he used to be fond of playing the knight-errant (yu-hsia) with Yüan Shao. Observing that a certain man had just taken a wife, they took advantage of the situation to steal into the courtyard of the groom's house and during the night's festivities shouted out, “There's a kidnapper about!” As the people inside the “blue-green hut” (ch'ing-lu) all rushed out to look, Ts'ao Ts'ao entered, and drawing his sword seized the bride and made off with her. Reemerging together with Yüan Shao, they lost their way and landed in a bramble patch, from which Shao was unable to extricate himself. Ts'ao thereupon shouted again in a loud voice, “The kidnapper is here!” In a desperate panic Shao wrenched himself free, and in this way they both escaped.	ANECDOTES CONCERNING CAO CAO（1） When Cao Cao was young he often went out with Yuan Shao in search of adventure. Once they saw a wedding in progress, and crept into the bridegroom's courtyard. At night they shouted: “Thief! Thief!” When everyone rushed out from the bridal chamber to catch the thief, Cao Cao went in with his sword to kidnap the bride, and then made off with Yuan Shao. They lost their way and Yuan Shao fell among brambles and could not get out. Then Cao Cao cried: “Here's the thief!” Yuan Shao leaped with fright and so they managed to escape.

（续表）

原文	马瑞志译文	杨氏夫妇译文
袁绍年少时，曾遣人夜以剑掷魏武，少下，不著。魏武揆之，其后来必高，因帖卧床上，剑至果高。（27.5）	When Yüan Shao was young he once dispatched a man by night to thrust a two-edged sword (chien) at Ts'ao Ts'ao (through the bed curtains). The thrust was a little low and failed to hit the mark. Ts'ao calculated that the next one would surely be higher, and therefore lay face down on the bed. When the sword struck again, it was, as expected, too high.	ANECDOTES CONCERNING CAO CAO（2） When Yuan Shao was a youth, he sent a man at night to throw a dagger at Cao Cao. The dagger was aimed too low and hit the couch. Guessing that the next throw would be aimed high, Cao Cao lay as flat as he could, and the second attempt failed, too.
魏武常云："我眠中不可妄近。近便斫人，亦不自觉。左右宜深慎此。"后阳眠，所幸一人，窃以被覆之，因便斫杀。自尔每眠，左右莫敢近者。（27.4）	Ts'ao Ts'ao used to say, "No one may make a false move toward me while I'm asleep, or I'll immediately knife him without even realizing what I've done. All you attendants had better be extremely cautious about this." Some time later he was feigning sleep when a person who was in his favor stealthily placed a coverlet over him, whereupon Ts'ao immediately knifed her to death. From this time on, whenever Ts'ao Ts'ao was asleep, none of his attendants dared approach him.	ANECDOTES CONCERNING CAO CAO（3） Cao Cao once said: "No one must come near me when I am asleep. If anyone does, I will cut him down with my sword in my sleep. Let all my followers beware!" Later he pretended to be asleep, and when one of his favourite ladies tiptoed up to cover him with a quilt he cut her down and killed her. After that whenever he slept no one dared go near.
魏武行役，失汲道，军皆渴，乃令曰："前有大梅林，饶子，甘酸可以解渴。"士卒闻之，口皆出水。	Once while Ts'ao Ts'ao was on campaign he lost the way to a water supply and the three armies were all suffering from thirst. At this point he issued the order: "Ahead is a large grove of plum	ANECDOTES CONCERNING CAO CAO（4） In one of his campaigns Cao Cao failed to find a watering place, and all his troops were suffering from thirst. Then he

（续表）

原文	马瑞志译文	杨氏夫妇译文
乘此得及前源。（27.2）	trees, loaded with fruit. The sweet-sour juice may serve to quench your thirst." When the officers and men heard this their mouths all began to water, and by this means they were able to reach a spring which lay ahead of them.	announced that there was a great plum orchard ahead, the trees laden with sweet and sour fruit which could quench thirst. Hearing this men's mouths watered, and they managed to struggle on to their destination.
魏武常言："人欲危己，己辄心动。"因语所亲小人曰："汝怀刃密来我侧，我必说'心动'，执汝使行刑。汝但勿言，其使无他，当厚相报。"执者信焉，不以为惧。遂斩之。此人至死不知也。左右以为实，谋逆者挫气矣。（27.3）	Ts'ao Ts'ao used to say, "Whenever anyone wants to threaten me, I always feel a presentiment of it in my heart." Accordingly he said to one of his underlings with whom he was intimate, "Hide a dagger in your bosom and come stealthily to my side. I will, of course, say that I feel a presentiment in my heart and have you seized and punished. But for your part, don't say a word about having been asked to do it, and nothing more will come of it. What's more, I'll reward you generously." When the man was seized he was completely confident, supposing there was nothing to be afraid of, and as a result he was decapitated. Until the moment of his death this man was unaware of what was happening. But Ts'ao Ts'ao's subordinates thought it was all real, and those who were plotting rebellion suppressed their feelings.	ANECDOTES CONCERNING CAO CAO（5） Cao Cao claimed that he always knew when anyone wanted to harm him. And he told one of his favourite followers: "Come to me with a dagger on you. I will say I have a premonition of danger and have you arrested to be killed. But just say nothing about this trick, and no harm will come to you. In fact, I shall reward you well." That fellow trusted him and had no misgivings. Then Cao Cao had him killed, and that man did not realize his death that he had been deceived. All Cao Cao's followers thought his sense of danger was genuine, and conspirators were disheartened.

（续表）

原文	马瑞志译文	杨氏夫妇译文
魏武将见匈奴使，自以形陋，不足雄远国，使崔季珪代，帝自捉刀立床头。既毕，令间谍问曰："魏王何如？"匈奴使答曰："魏王雅望非常。然床头捉刀人，此乃英雄也。"魏武闻之，追杀此使。（14.1）	When Ts'ao Ts'ao was about to give audience to a Hsiung-nu envoy, since he himself felt that his own figure was insignificant and inadequate to impress a distant state with its virility, he had Ts'ui Yen substitute for him on the throne, while Ts'ao himself, gripping his sword, stood at the head of the dais. When the audience was ended he ordered a spy to ask the envoy, "What was the Prince of Wei like?" The Hsiung-nu envoy replied, "The Prince of Wei was refined and prepossessing to an extraordinary degree. But the man at the head of the dais who was gripping his sword—this was the heroic and virile one." When Ts'ao Ts'ao heard this, he had someone overtake and kill this envoy.	ANECDOTES CONCERNING CAO CAO（6） One day Cao Cao had to receive a Hunnish envoy. Afraid that he did not look distinguished enough to overawe this barbarian, he ordered Cui Yan to take his place while he stood by the couch holding the sword. After the audience he sent a spy to ask the envoy: "What did you think of our prince?" "Your prince is a striking figure," replied the envoy. "But the man with the sword by the couch is a true hero." When Cao Cao heared this, he sent pursuers to capture and kill the Hun.
荀巨伯远看友人疾。值胡贼攻郡，友人语巨伯曰："吾今死矣，子可去。"巨伯曰："远来相视，子令吾去，败义以求生，岂荀巨伯所行	Hsün Chü-po had come from a distance to visit a sick friend. It happened just then that Hu bandits attacked the commandery. The friend said to Chü-po, "I'm going to die now, anyhow. You may as well leave." Chü-po replied, "I came a	THE MAN WHO RISKED HIS LIFE FOR HIS FRIEND Xun Jubo travelled a great distance to see a friend who was ill. The place was being attacked by the Huns when he went. "I shall die here," said his

（续表）

原文	马瑞志译文	杨氏夫妇译文
耶！”贼既至，谓巨伯曰：“大军至，一郡尽空，汝何男子，而敢独止？”巨伯曰：“友人有疾，不忍委之，宁以我身代友人命。”贼相谓曰：“我辈无义之人，而入有义之国。”遂班军而还，一郡并获全。（1.9）	long distance to see you, and now you are telling me to leave. Is destroying morality to save his own life something Hsün Chü-po would do?" After the bandits arrived they said to Chü-po, "A large army has arrived and the entire commandery is deserted. What sort of man are you that you dare to remain here alone?" Chü-po replied, "My friend is sick and I can't bear to abandon him. I would rather give myself up for my friend's life." The bandits talked it over among themselves and said, "We are people without morality who have entered a state where morality prevails." And forthwith they withdrew their army and returned home, and the entire commandery was preserved intact.	friend. "You had better go." "I came all this way to see you." retorted Xun. "And now you tell me to leave! How can I act against my conscience simply to save my skin? " The invaders came and said to him: "At our great army's approach the whole district has fled. Who are you that dare to stay here?" Xun replied: "My friend is ill and I cannot leave him. Let me beg you to take my life instead of his." Then the Huns said: "We are wicked men coming to the land of the just." They withdrew their troops and the whole district was spared.
石崇与王恺争豪，并穷绮丽以饰舆服。武帝，恺之甥也，每助恺，尝以一珊瑚树高二尺许，赐恺。枝柯扶疏，世罕其比。恺以示崇。崇视讫，以铁如意击之，	In their competition for display Shih Ch'ung and Wang K'ai exhausted every refinement and elegance in ornamenting their carriages and clothing. Since Emperor Wu (Ssu-ma Yen) was Wang K'ai's nephew, he frequently helped K'ai out, and on one occasion presented him with a coral (shan-hu) tree two ch'ih or so in height. Its branches	THE CORAL TREE Shi Chong and Wang Kai rivalled each other in extravagant display: their clothes and equipage were as magnificent as possible. Since the emperor was Wang Kai's nephew, he often assisted him. Once he gave him a coral tree over two feet high with many branches, the like

（续表）

原文	马瑞志译文	杨氏夫妇译文
应手而碎。恺既惋惜，又以为疾己之宝，声色甚厉。崇曰："不足恨，今还卿。"乃命左右悉取珊瑚树，有三尺四尺，条干绝世，光彩溢目者六七枚，如恺许比甚众。恺惘然自失。（30.8）	and twigs spread luxuriantly, and in all the world it would have been extremely hard to find its equal. K'ai showed it to Ch'ung, who after looking at it struck it with an iron, ju-i baton, completely shattering it in one blow, Shocked and dismayed, supposing that Ch'ung had done it out of jealousy over his own treasure, K'ai's tone and expression became severe. Ch'ung said, "It's not worth worrying about. I'll repay you today." Whereupon he ordered his attendants to bring out all his coral trees, every one of them three and four ch'ih in height, their branches and trunks surpassing anything in this world, and their luster and color overwhelming the eyes—six or seven trees in all. Those like K'ai's were extremely numerous. K'ai stood there speechless and unstrung.	of which Wang had never seen before. Wang Kai showed this to Shi Chong, who took one look at it and then smashed it with an iron wand. Wang Kai grew heated over the loss of this treasure and disgusted at Shi's envious behaviour. "Don't worry," said Shi Chong. He told his attendants to fetch his coral tress. Six or seven of them were more than three feet high, with superb branches and a dazzling colour, while he had many more as good as that of Wang Kai. Wang Kai felt considerably chastened.
汉武帝乳母尝于外犯事，帝欲申宪，乳母求救东方朔。朔曰："此非唇舌所争。尔必望济者，将去时，但当屡顾帝，慎勿言。此或可万一冀耳。"	Tung-wu Hou-mu, the wet nurse of the Han Emperor Wu (r. 140—87 B.C.), once committed some offense outside the palace, and the emperor was on the point of inflicting a penalty. The wet nurse sought help from Tung-fang Shuo. Shuo told her, "This isn't something to be argued with lips	DONGFANG SHUO THE JESTER Once the nurse of Emperor Wu of the Han dynasty committed some offence outside the palace, and the emperor was about to punish her. She asked Dongfang Shuo to help her. "This cannot be argued,"

（续表）

原文	马瑞志译文	杨氏夫妇译文
乳母既至，朔亦侍侧，因谓曰："汝痴耳，帝岂复忆汝乳哺时恩邪！"帝虽才雄心忍，亦深有情恋，乃凄然愍之，即敕免罪。(10.1)	and tongue, but if you really hope to be saved, then when it comes time to leave the emperor's presence, just look back at him a few times, only be careful not to say anything. This might, by one chance in ten thousand, be a way of hope for you." When the wet nurse had come into the emperor's presence Shuo was also in attendance at his side and took the occasion to say, "You fool! Do you expect the emperor to remember the tenderness of the days you suckled him?" Now although the emperor was a talented and brave man whose heart was inured to suffering, he was at the same time deeply affectionate. Touched to the quick, he took pity on her and immediately forgave her offense.	said the jester. "But if you really hope to succeed, look at the emperor again and again as you are being led away. Don't say anything though. This is your only chance in a thousand." When the nurse was brought in, Dongfang Shuo was also present. "You are a fool," he said to her. "How could the emperor remember your former kindness? He was a child when you were nursing him." The emperor, despite his ambition and ruthlessness, was a man of feeling. Moved with pity, he pardoned the nurse.
周处年少时，凶强侠气，为乡里所患，又义兴水中有蛟，山中有邅迹虎，并皆暴犯百姓，义兴人谓为三横，而处尤剧。或说处杀虎斩蛟，实冀三横唯余其一。	When Chou Ch'u was young, his cruel and violent knight-errantry was a source of distress to his fellow villagers. Furthermore, in the stream which flowed through his native I-hsing Prefecture (Kiangsu) there was a scaly dragon (chiao), and in the hills a roving tiger, both of which were terrorizing the local peasants. The people of I-hsing	THE THREE EVILS When Zhou Chu was a young man, his savage temper and love of adventure made all his countrymen fear him. Havoc was caused in the district of Yixing by a serpent in the lake and a tiger in the mountain. So the local people spoke of their Three Evils, counting Zhou the worst of

（续表）

原文	马瑞志译文	杨氏夫妇译文
处即刺杀虎，又入水击蛟。蛟或浮或没，行数十里，处与之俱，经三日三夜。乡里皆谓已死，更相庆。竟杀蛟而出，闻里人相庆，始知为人情所患，有自改意。乃自吴寻二陆，平原不在，正见清河，具以情告，并云欲自修改，而年已蹉跎，终无所成。清河曰："古人贵朝闻夕死，况君前途尚可，且人患志之不立，亦何忧令名不彰邪！"处遂改励，终为忠臣孝子。（15.1）	called the three of them the "Three Scourges," but Ch'u was the most terrible of them all. Someone suggested to Ch'u that he kill the tiger and behead the dragon, in reality hoping that of the "Three Scourges" only one would be left. Ch'u promptly stabbed the tiger to death and proceeded to enter the stream to attack the dragon. But the dragon, now afloat, now submerged, traveled several tens of li, and Ch'u accompanied it for all of three days and three nights. His fellow villagers all thought he was already dead and were congratulating each other more than ever. But in the end Ch'u killed the dragon and emerged from the water. It was only after he heard that the villagers were congratulating each other that he finally understood what a source of distress he had been to the feelings of others, and he made up his mind to reform himself. Accordingly he went into Wu Commandery (Soochow) and sought out the Lu brothers (Lu Chi and Lu Yün). Since Chi was not at home, he only saw Yün. He recounted the whole matter to him and added, "I've wanted to reform my ways, but the years have already slipped by, and	the three. Someone advised him to kill the tiger and the serpent, hoping in this way to get rid of two of the evils. First Zhou Chu killed the tiger, then he plunged into the lake to grapple with the serpent. The monster came to the surface and submerged again swimming many *li*, but Zhou stayed close beside it. After three days and three nights the local people thought he must be dead, and were indeed congratulating themselves when Zhou came back after finally killing the serpent. When he heard men speaking joyfully of his death, he realized that he, too, was considered a pest and determined to mend his ways. He went to the district of Wu to look for the Lu brothers. Failing to find Lu Ji, he sought out Lu Yun and explained to him that he wanted to mend his ways, but after so many wasted years it seemed too late to change. Lu Yun said: "The superior men of old thought it good to know the truth even if one had to die that very evening. And you are still in your prime. Moreover a man should worry if he has no ideal in life, not if he has no fame."

（续表）

原文	马瑞志译文	杨氏夫妇译文
	till now I've never accomplished it." Yün said, "The ancients honored the principle of hearing the Way in the morning and dying content in the evening. How much more promising is your own future course! What's more, even though people are distressed that your ambition has never been established, why, indeed, should you worry that your good reputation won't become known?" Ch'u thereupon exerted all his energies in a new direction, and in the end became a loyal minister and filial son.	Then Zhou Chu corrected his faults, and became a loyal and a pious man.
王子猷尝暂寄人空宅住，便令种竹。或问："暂住何烦尔？"王啸咏良久，直指竹曰："何可一日无此君！"（23.46）	Wang Hui-chih was once temporarily lodging in another man's vacant house, and ordered bamboos planted. Someone asked, "Since you're only living here temporarily, why bother?" Wang whistled and chanted poems a good while; then abruptly pointing to the bamboos, replied, "How could I live a single day without these gentlemen?"	WANG HUIZHI'S IDIOSYNCRASIES（1） Wang Huizhi once lodged for a short time in an empty house belonging to another man. He ordered bamboos to be planted there. Someone asked: "Why take so much trouble when you are staying here for such a short time?" Wang merely recited poetry for a while, then pointing at the bamboos asked: "Can one live a single day with this gentleman?"

（续表）

原文	马瑞志译文	杨氏夫妇译文
王子猷居山阴，夜大雪，眠觉，开室命酌酒，四望皎然。因起彷徨，咏左思《招隐诗》，忽忆戴安道。时，戴在剡，即便夜乘小船就之。经宿方至，造门不前而返。人问其故。王曰："吾本乘兴而行，兴尽而返，何必见戴？"（23.47）	While Wang Hui-chih was living in Shan-yin (Chekiang), one night there was a heavy fall of snow. Waking from sleep, he opened the panels of his room, and, ordering wine, drank to the shining whiteness all about him. Then he got up and started to pace back and forth, humming Tso Ssu's (d. 306) poem. "Summons to a Retired Gentleman" (Chao yin-shih). All at once he remembered Tai K'uei, who was living at the time in Shan (south of Shan-yin). On the spur of the moment he set out by night in a small boat to visit him. The whole night had passed before he finally arrived. When he reached Tai's gate he turned back without going in. When someone asked his reason, Wang replied, "I originally went on the strength of an impulse, and when the impulse was spent I turned back. Why was it necessary to see Tai?"	WANG HUIZHI'S IDIOSYNCRASIES（2） One night when Wang Huizhi was living in Shanyin there was a heavy fall of snow. Upon waking and opening his door he ordered wine to be served. He gazed around at the expanse of white, and strolled up and down reciting Zuo Si's poems on a hermit's life. Then he suddenly remembered Dai Kui, then in Shan County, and set out that same night in a small boat to visit him. The journey took one whole day; yet when he reached the door he turned back instead of entering. Asked the reason, he said: "I set out on a happy impulse. Now that mood is over, I am going back. What need was there to see him?"
刘伶病酒，渴甚，从妇求酒。妇捐酒毁器，涕泣谏曰："君饮太过，非摄生之道，	Liu Ling was once suffering from a hangover (ping-chiu), and, being extremely thirsty, asked his wife for some wine. His wife, who had poured out all the wine	LIU LING THE DRUNKARD One day Liu Ling had too much to drink, but feeling parched he asked his wife for more wine. She poured away

（续表）

原文	马瑞志译文	杨氏夫妇译文
必宜断之！”伶曰：“甚善。我不能自禁，唯当祝鬼神自誓断之耳。便可具酒肉。”妇曰：“敬闻命。”供酒肉于神前，请伶祝誓。伶跪而祝曰：“天生刘伶，以酒为名。一饮一斛，五斗解酲。妇人之言，慎不可听！”便引酒进肉，愧然已醉矣。（23.3）	and smashed the vessels, pleaded with tears in her eyes, saying, “You’re drinking far too much. It’s no way to preserve your life. You’ll have to stop it.” Ling said, “A very good idea. But I’m unable to stop by myself. It can only be done if I pray to the ghosts and spirits and take an oath that I’ll stop it. So you may get ready the wine and meat for the sacrifice.” His wife said, “As you wish, ” and setting out wine and meat before the spirits, requested Ling to pray and take his oath. Ling knelt down and prayed, “Heaven produced Liu Ling And took ‘wine’ for his name. At one gulp he will down a gallon— Five dipperfuls to ease the hangover. As for his wife’s complaint, Be careful not to listen.” Whereupon he drained the wine and ate up the meat, and before he knew it was already drunk again.	the wine and broke the pitcher, and with tears in her eyes advised him against tippling. “You are drinking too much—it is bad for your health. You must stop it!” Liu Ling said: “Very well. But l cannot control myself. The only way is to swear before the gods to give it up. Prepare the sacrificial meat and wine.” His wife agreed to this. She placed wine and meat before the shrine and asked Liu Ling to make his oath. Liu Ling knelt down and prayed: “Heaven gave me life and made me famed for drinking. I drink ten pints at a sitting, and five will cure my headache afterwards. A man should not listen to the words of a woman.” Then he drained the wine and ate the meat and soon was drunk again.
温公丧妇。从姑刘氏家值乱离散，唯有一女，甚有姿慧。姑以嘱公觅婚，公密有	Wen Ch’iao had lost his wife. The family of his paternal aunt (tsung-ku), Lady Liu, because of the disorders of the times, had broken up and scattered. There	WEN QIAO’S SECOND MARRIAGE Lord Wen Qiao was a widower. A distant aunt of his named Liu, whose family had suffered

（续表）

原文	马瑞志译文	杨氏夫妇译文
自婚意，答云："佳婿难得，但如峤比，云何？"姑云："丧乱之余，乞粗存活，便足慰吾余年，何敢希汝比。"却后少日，公报姑云："已觅得婚处，门地粗可，婿身名宦，尽不减峤。"因下玉镜台一枚。姑大喜。既婚，交礼，女以手披纱扇，抚掌大笑曰："我固疑是老奴，果如所卜。"玉镜台是公为刘越石长史，北征刘聪所得。（27.9）	was only one daughter left, very beautiful and intelligent, and the aunt entrusted Wen Ch'iao with the task of finding her a suitable husband. Wen, who had secret designs on marrying the girl himself, replied, "A good son-in-law is hard to find. But how would someone be who was merely like me?" His aunt said, "[Our family,] already the battered remains of loss and devastation, is only looking for some crude means of survival, something adequate to comfort me for my remaining years. How could I presume to hope for someone like you?" Wen then withdrew, and after a few days announced to his aunt, "I've already found a matrimonial candidate. As far as his fame and official status are concerned, the son-in-law is in no way inferior to myself." So saying, he deposited an engagement present of a jade mirror stand (ching-t'ai). His aunt was utterly delighted. After the wedding and the exchange of bowing, the girl pushed aside the silk fan with her hand, clapped her palms together, and laughed aloud, saying, "I suspected all along that it was you, you old rascal! It turned out just the	in the wars, had an only daughter—a pretty, intelligent girl. Her mother asked Wen Qiao to find her a husband, but he was eager to marry the girl himself. "It is hard to find a good match," he demurred. "What would you say to some man like myself? " His aunt replied: "After the trouble we have seen, all I want is enough to live on—that is all I hope for in my declining years. How can I aim so high?" A few days later he told her: "I have found a man. His family is respectable and he is a noted official no less well known than I." He sent a jade mirror-stand as betrothal gift, and his aunt was overjoyed. After the wedding ceremony, the girl pushed the fans aside, clapped her hands and laughed. "I guessed it would be this old fellow. I suspected as much!" The jade mirror-stand was a trophy presented to Wen Qiao when he served under Liu Kun in the northern expedition against Liu Cong.

（续表）

原文	马瑞志译文	杨氏夫妇译文
	way I expected!" The jade mirror stand had come into Wen Ch'iao's possession while he was serving as Liu K'un's senior administrator, during the northern expedition against Liu Ts'ung (in 314).	
韩寿美姿容，贾充辟以为掾。充每聚会，贾女于青璅中看，见寿，说之，恒怀存想，发于吟咏。后婢往寿家，具述如此，并言女光丽。寿闻之心动，遂请婢潜修音问，及期往宿。寿矫捷绝人，逾墙而入，家中莫知。自是充觉女盛自拂拭，说畅有异于常。后会诸吏，闻寿有奇香之气，是外国所贡，一著人则历月不歇。充计武帝唯赐己及陈骞，余家无此香，疑寿与女通；而垣墙重密，门阁急峻，何由得尔？	Han Shou was handsome in appearance and features, and Chia Ch'ung summoned him for his aide. Every time Ch'ung held a meeting of his staff his daughter, Chia Wu, watched through the windows painted in blue-green designs (ch'ing-so). When she saw Shou she liked him and constantly cherished thoughts of him in her heart, expressing them in the chanting of poems. Later one of her slave girls went to Shou's home where she related all this, and in addition spoke of the girl's radiant beauty. As he heard it, Shou was moved in his heart, and accordingly requested the slave girl to carry back a secret message. On the appointed day he went to spend the night. Shou surpassed all others in nimbleness, and entered by leaping over the wall, so that no one in the household knew of his visit. After that Ch'ung became	THE LOVER WHO SCALED A HIGH WALL Han Shou, Jia Chong's secretary, was a handsome man. One day when Jia Chong held a council, his daughter saw Han through the window and fell in love with him. She began to pine for him and to write love poems. Her maid went to Han Shou's house and told him this, dwelling on the remarkable beauty of her mistress till Han's interest was aroused. He begged the maid to take a secret message, making a try to visit the girl at night. And being very agile, he climbed over the wall into her house without her family's knowledge. After this, Jia Chong observed that his daughter took a great interest in her appearance and seemed to be strangely elated. Late, during an assembly of all his officers, he detected a rare

（续表）

原文	马瑞志译文	杨氏夫妇译文
乃托言有盗，令人修墙。使反，曰："其余无异，唯东北角如有人迹，而墙高非人所逾。"充乃取女左右婢考问，即以状对。充秘之，以女妻寿。（35.5）	aware that his daughter was being rather lavish in applying make-up, and her elation was far beyond the normal. Later when he called together his aides, he noticed that Shou had about him the aura of an exotic perfume, one which had been sent as tribute from a foreign country. Once it was applied to a person it lasted for months without fading. According to Ch'ung's calculation, Emperor Wu (Ssu-ma Yen, r.265—290) had only bestowed this perfume on himself and on Ch'en Ch'ien; no other family possessed it. He suspected that Shou had been intimate with his daughter, yet the walls surrounding his house were double and solid, the main gates and side gates (ko) strong and impenetrable. How could he have gotten in? In the end he attributed it to robbers, and ordered someone to repair the walls.The messenger came back and reported, "Everything else is the same as usual, except only the northeast corner, where there seem to be human footprints. But the wall is too high to be leaped over by any man." Ch'ung accordingly gathered his daughter's attendants and interrogated them closely, and they responded with the facts. Ch'ung kept the matter secret and gave his daughter to Shou in marriage.	perfume about Han Shou's person. This perfume was part of the tribute form abroad: a single application retained its fragrance for months. And since the emperor had given this scent to Jia Chong and Chen Qian alone, no one else could have it. Accordingly Jia Chong began to suspect that Han Shou was having an affair with his daughter. But the house was surrounded by high walls, and the passages and doors were narrow. How could anyone get in? On the pretext that he had been robbed, he ordered workmen to repair the walls. They reported that every part was in good condition except the north-east comer, where there appeared to be footprints, though the wall was too high to climb. Then Jia Chong questioned his daughter's maids, and learned the truth from them. He kept it a secret, but married his daughter to Han.

（续表）

原文	马瑞志译文	杨氏夫妇译文
服虔既善春秋，将为注，欲参考同异。闻崔烈集门生讲传，遂匿姓名，为烈门人赁作食，每当至讲时，辄窃听户壁间。既知不能逾己，稍共诸生叙其短长。烈闻，不测何人。然素闻虔名，意疑之。明早往，及未寤，便呼：“子慎！子慎！”虔不觉惊应。遂相与友善。（4.4）	Since Fu Ch'ien was well versed in the "Spring and Autumn Annals" and its commentaries, he was on the point of making a sub-commentary, but wanted to compare points of agreement and difference with other experts. Hearing that Ts'ui Lieh had gathered his disciples to lecture on the "Tso Commentary," he took an assumed name and hired himself out as a cook for Lieh's disciples. Whenever it came time for them to attend a lecture, he would always listen surreptitiously at a crack between the door and the wall. After he was satisfied that Lieh's interpretation could not improve upon his own, he occasionally gathered all the disciples to review their short and long points. Lieh, on hearing of this incident, could not guess who it might be. However, since he had long heard of Ch'ien's reputation, he suspected in his heart that it was he. Early the next morning he went to Ch'ien's room, and before the latter had awakened, called out his courtesy name, "Tzu-shen! Tzu-shen!" Without realizing it, Ch'ien made a startled response. After that the two became fast friends.	TWO COMMENTATORS Fu Qian had made a careful study of the Zhou Dynasty Annals and was writing a commentary on this work, but wanted to compare notes with some other scholar. When he heard that Cui Lie was giving his students lectures on the subject he hired himself to Cui as a cook, not disclosing his real name. He listened to the lectures outside the door. And when he found that Cui's knowledge was no greater than his own, he started discussing certain points with the students. Cui had no idea who he was, but knowing Fu Qian's reputation he suspected that this was he. One day he went to him at dawn and called his name while he was still asleep. Taken by surprise, Fu answered. Then they became good friends.

（续表）

原文	马瑞志译文	杨氏夫妇译文
戴渊少时游侠，不治行检（马译本原文：戴渊少时，游侠不治行检），尝在江淮间攻掠商旅。陆机赴假还洛，辎重甚盛。渊使少年掠劫。渊在岸上，据胡床，指麾左右，皆得其宜。渊既神姿峰颖，虽处鄙事，神气犹异。机于船屋上遥谓之曰："卿才如此，亦复作劫邪？"渊便泣涕，投剑归机，辞厉非常。机弥重之，定交，作笔荐焉。过江，仕至征西将军。（15.2）	When Tai Yüan was young he roved about as a knight-errant, undisciplined in the rules of proper behavior. He used to spend his time in the area between the Yangtze River and the Huai, attacking and robbing merchants and travelers. Lu Chi, having been on leave in his native Wu, was returning to Lo-yang (Honan), and his pieces of baggage were extremely numerous. Yüan sent some youths to rob and plunder them, while he himself remained on shore seated on a folding chair (hu-ch'uang), giving orders to his underlings and seeing that everything was done properly. Since Yüan's godlike demeanor was outstanding, even while stooping to such base conduct, his spirit and manner were still extraordinary. Chi was in his cabin on board the boat and called out from a distance to Yüan, "With as much ability as you have, how can you still commit robbery?" Right then and there Yüan broke into tears and, throwing away his sword, gave his allegiance to Chi. As he spoke, the sincerity of his speech was extraordinary. Chi came more and more to honor him, and after they had become fast friends	A TALENTED BRIGAND Dai Yuan was a wild young fellow who loved adventure. He turned brigand in the Huai River Valley and held up passing merchants. One day he ordered his young men to rob Luji, who was travelling back to Luoyang on leave with considerable luggage. Dai sat on the bank on his couch to issue orders, directing the operation with great skill. And since he was outstandingly intelligent, even as a brigand he behaved with distinction. "You are a man of great ability," called Lu Ji from his boat. "Why should you be a brigand? " Then Dai Yuan was moved and threw away his sword to join Lu Ji on his boat. His original mind commanded the other's respect. They became sworn brothers and Lu Ji recommended him to the court. After the imperial house of Jin moved south of the Yangzi River, Dai-Yuan was appointed a general.

（续表）

原文	马瑞志译文	杨氏夫妇译文
	wrote a letter of introduction for him (to the Prince of Chao, Ssu-ma Lun). Later Yüan crossed the Yangtze River into Eastern Chin, where he held office as high as General Chastizing the West.	
许允为吏部郎，多用其乡里，魏明帝遣虎贲收之。其妇出诫允曰：“明主可以理夺，难以情求。”既至，帝复问之。允对曰：“‘举尔所知’，臣之乡人，臣所知也。陛下检校，为称职与不？若不称职，臣受其罪。”既检校，皆官得其人。于是乃释。允衣服败坏，诏赐新衣。初允被收，举家号哭。阮新妇自若，云：“勿忧，寻还。”作粟粥待。顷之，允至。（19.7）	While Hsü Yün was serving as a clerk in the Board of Civil Office most of his appointments were from his own village. The Wei Emperor Ming (Ts'ao Jui, r. 227-239) dispatched an officer of the Palace Guard to apprehend him. Yün's wife (Lady Juan) came out and warned her husband, saying, "An enlightened ruler may be forced to yield through reason, but it's difficult to appeal to him through his emotions!" After Yün arrived, the emperor closely interrogated him. Yün replied, "(Confucius said,) 'Recommend those who are known to you.' Your servant's fellow villagers are the ones who are known to him. Your Majesty may investigate and see for yourself if they are suited to their offices or not. If they're not suited to their offices, your servant will bear the blame for it."	A WIFE'S ADVICE When Xu Yun of the Wei dynasty was in the Ministry of Civil Affairs, he employed so many men from his own district that Emperor Ming sent guards to have him arrested. His wife gave him a warning. "You may convince His Majesty by argument, but on no account plead for mercy!" When he entered the imperial presence, the emperor questioned him. Xu Yun replied: "A man should recommend only those whom he knows well. I know my fellow countrymen. Your Majesty can investigate to see if they discharge their duties competently or not. If they are not up to their work, I shall plead guilty."

（续表）

原文	马瑞志译文	杨氏夫妇译文
	After investigation, it was found that for every office he had secured the right man, so that in the end the emperor released him. And since Yün's clothing was worn and tattered, the emperor issued an order to supply him with new clothes. When Yün was first apprehended, his entire household was weeping and wailing, but his bride, Lady Juan, said with complete self-composure, "Don't worry. After a while he'll return." Whereupon she cooked some millet gruel and waited for him. In a short time Yün arrived.	Then the govemment investigated these men and found them competent. So Xu Yun was released. And since his clothes were torn and soiled, the emperor presented him with new. When Xu Yun was arrested the whole of his household had wailed except his wife. "There is no cause for alarm," she said calmly. "He will be back." She made some broth against his retum, and sure enough beforelong he came home.
苏峻乱，诸庾逃散。庾冰时为吴郡，单身奔亡，民吏皆去，唯郡卒以小船载冰出钱塘口，篷篨覆之。时峻赏募觅冰，属所在搜检甚急。卒舍船市渚，因饮酒醉还，舞棹向船曰："何处觅庾吴郡，此中便是。"冰大惶怖，然不敢动。监司见船小装狭，谓卒狂醉，都不	At the time of Su Chün's rebellion (327) all the members of the Yü family scattered and fled. Yü Ping, who at the time was serving as grand warden of Wu Commandery (Soochow), made his escape alone; all his underlings had deserted him. A lone runner of the commandery office single-handedly took Ping in a small boat out through the mouth of the Ch'ien-tang River (Chekiang), concealing him under some coarse bamboo matting. At the time Su Chün was offering a reward and had instituted a manhunt for Ping,	THE SOLDIER WHO LOVED WINE During the revolt of Su Jun, the entire Yu family fled. Yu Bing, then governor of the district of Wu, was deserted by all his officers and men. He escaped alone with one of the district soldiers, who rowed him down the River Qiantang hidden under some matting in a little boat. As Su Jun had offered a reward for Yu Bing and his men, a strict search was in progress. The soldier moored by an island to go ashore for a drink. Coming back, drunk, he waved his oar at the boat.

（续表）

原文	马瑞志译文	杨氏夫妇译文
复疑。自送过浙江，寄山阴魏家，得免。后事平，冰欲报卒，适其所愿，卒曰："出自厮下，不愿名器。少苦执鞭，恒患不得快饮酒，使其酒足余年，毕矣，无所复须。"冰为起大舍，市奴婢，使门内有百斛酒，终其身。时谓此卒非唯有智，且亦达生。（23.30）	and his orders for the search and investigation of every place where he might be staying were extremely urgent. The runner, leaving the boat moored at a market wharf, had gone ashore for a drink, and came back drunk. Waving his oar in the direction of the boat he said to one of the investigators, "Ya lookin' for Yü Ping? He's right in here!" Ping was filled with great fear and panic, but dared not move. When the investigator saw how small the boat was, and how narrow its capacity, he figured the runner was just raving drunk, and never gave it another thought. Instead he personally escorted the boat to the opposite shore of the Chih (i.e., the Che) River, where Ping took refuge with the Wei family of Shan-yin Prefecture (Chekiang) and so managed to escape. Later, after the rebellion had been put down (328), Ping wanted to requite the runner and offered him whatever his heart desired. The man said, "My origins being as humble as they are, I don't want either fame or rank. Ever since was young I've worked hard at menial jobs like wielding the whip as a charioteer, and I've always felt that I wasn't able to drink to my heart's	"Who is looking for Governor Yu? I have him here!" Yu Bing was horror-struck and dared not move. But when the officers in charge saw that the boat was too small to carry much and the soldier was completely drunk, they suspected nothing. They let the craft proceed to the River Zhe, where Yu Bing found refuge with the Wei family of Shanyin. In this way he escaped death. The revolt once over, he decided to reward the soldier. He asked him what he wanted. "I come from a humble family, so I want no rank or insignia," was the answer. "I have worked hard at low tasks since my boyhood, and often been sorry that I could not drink my fill. All I ask is wine to last me to the end of my days." Then Yu Bing had a large house built for him, bought him slaves, and saw to it that he had always a hundred pints of wine. So all men said that this soldier was not merely intelligent but knew how to live.

原文	马瑞志译文	杨氏夫妇译文
	content. If I could just have enough wine to last the rest of my life, I wouldn't need another thing!" Ping built a large house for him, purchased male and female slaves, and made sure there were a hundred hu of wines on the premises to last till the end of his life. Contemporaries said that the runner not only had wisdom; he had "mastered the meaning of life (ta-sheng）."	

附录三 《汉魏六朝小说选》第二版《出版前言》

出版前言

本社专事外文图书的编辑出版，几十年来用英文翻译出版了大量的中国文学作品和文化典籍，上自先秦，下迄现当代，力求全面而准确地反映中国文学及中国文化的基本面貌和灿烂成就。这些英译图书均取自相关领域著名的、权威的作品，英译则出自国内外译界名家。每本图书的编选、翻译过程均极其审慎严肃，精雕细琢，中文作品及相应的英译版本均堪称经典。

我们意识到，这些英译精品，不单有对外译介的意义，而且对国内英文学习者、爱好者及英译工作者，也是极有价值的读本。为此，我们对这些英译精品做了认真的遴选，编排成汉英对照的形式，陆续推出，以飨读者。

外文出版社

Publisher's Note

Foreign Languages Press is dedicated to the editing, translating and publishing of books in foreign languages. Over the past several decades it has published, in English, a great number of China's classics and records as well as literary works from the Qin down to modern times, in the aim to fully display the best part of the Chinese culture and its achievements. These books in the original are famous and authoritative in their respective fields, and their English translations are masterworks produced by notable translators both at home and abroad. Each book is carefully compiled and translated with minute precision. Consequently, the English versions as well as their Chinese originals may both be rated as classics.

It is generally considered that these English translations are not only significant for introducing China to the outside world but also useful reading materials for domestic English learners and translators. For this reason, we have carefully selected some of these books, and will publish them successively in Chinese-English bilingual form.

Foreign Languages Press

附录四 《世说新语》英译本第一版封面一、封面二、正文照片

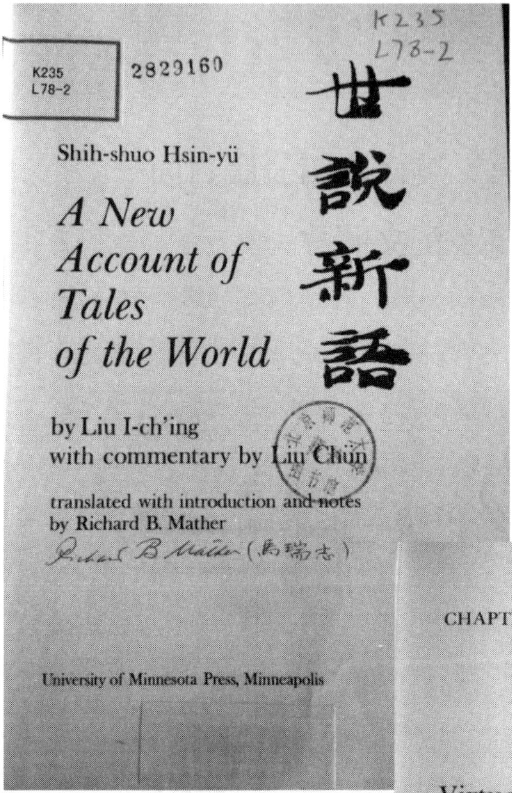

世說新語

Shih-shuo Hsin-yü

A New Account of Tales of the World

by Liu I-ch'ing
with commentary by Liu Chün

translated with introduction and notes
by Richard B. Mather

Richard B. Mather (馬瑞志)

University of Minnesota Press, Minneapolis

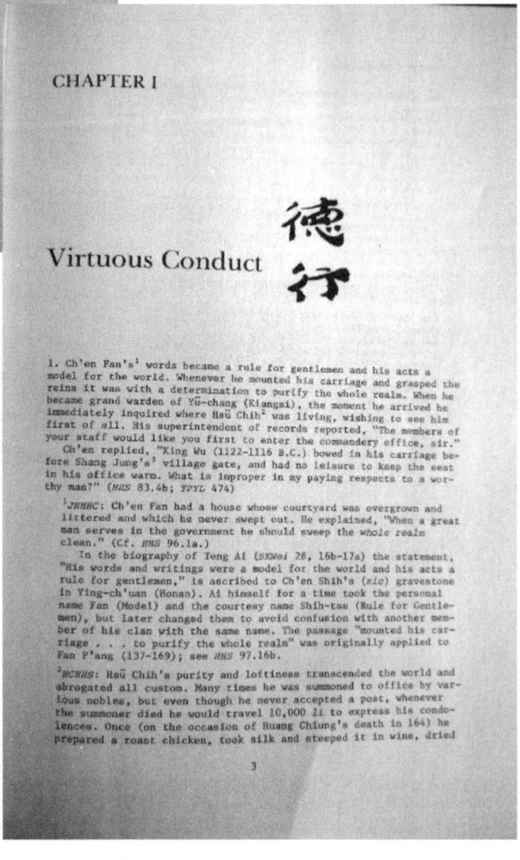
CHAPTER I

Virtuous Conduct 德行

1. Ch'en Fan's[1] words became a rule for gentlemen and his acts a model for the world. Whenever he mounted his carriage and grasped the reins it was with a determination to purify the whole realm. When he became grand warden of Yü-chang (Kiangsi), the moment he arrived he immediately inquired where Hsü Chih[2] was living, wishing to see him first of all. His superintendent of records reported, "The members of your staff would like you first to enter the commandery office, sir."
Ch'en replied, "King Wu (1122-1116 B.C.) bowed in his carriage before Shang Jung's[3] village gate, and had no leisure to keep the seat in his office warm. What is improper in my paying respects to a worthy man?" (*HHS* 83.4b; *TPYL* 474)

[1]*JNHHC*: Ch'en Fan had a house whose courtyard was overgrown and littered and which he never swept out. He explained, "When a great man serves in the government he should sweep the *whole realm* clean." (Cf. *HHS* 96.1a.)
In the biography of Teng Ai (*SKWei* 28, 16b-17a) the statement, "His words and writings were a model for the world and his acts a rule for gentlemen," is ascribed to Ch'en Shih's (*sic*) gravestone in Ying-ch'uan (Honan). Ai himself for a time took the personal name Fan (Model) and the courtesy name Shih-tse (Rule for Gentlemen), but later changed them to avoid confusion with another member of his clan with the same name. The passage "mounted his carriage . . . to purify the whole realm" was originally applied to Fan P'ang (137-169); see *HHS* 97.16b.

[2]*HCHHS*: Hsü Chih's purity and loftiness transcended the world and abrogated all custom. Many times he was summoned to office by various nobles, but even though he never accepted a post, whenever the summoner died he would travel 10,000 *li* to express his condolences. Once (on the occasion of Huang Ch'iung's death in 164) he prepared a roast chicken, took silk and steeped it in wine, dried

3

附录五 《世说新语》英译本第二版封面一、封面二、正文照片

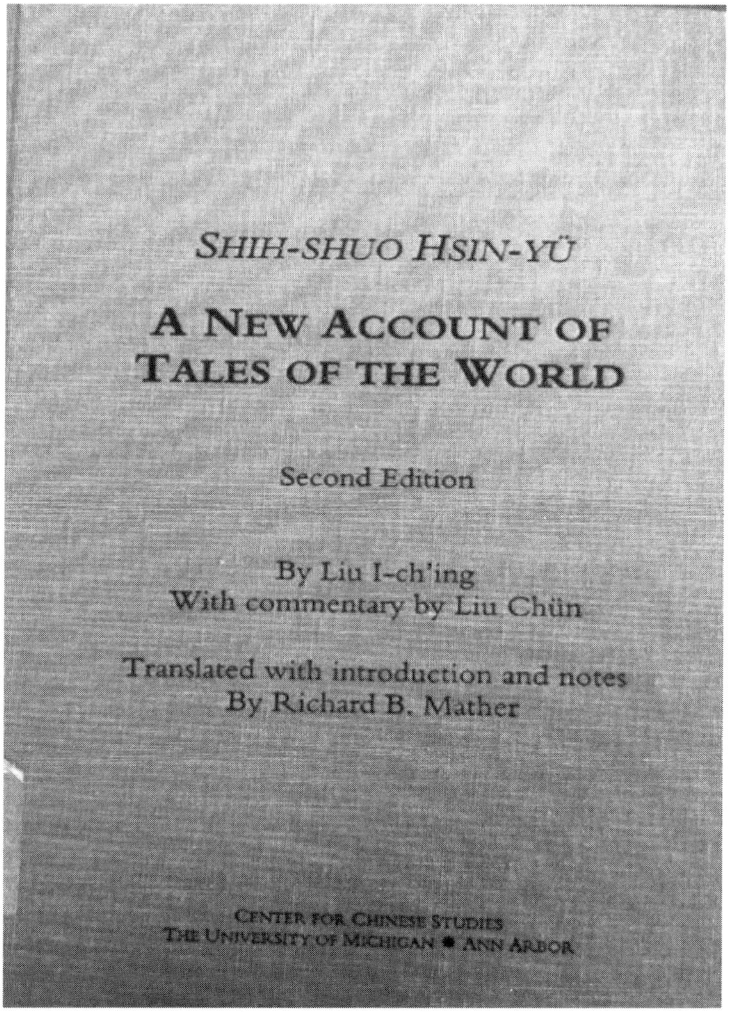

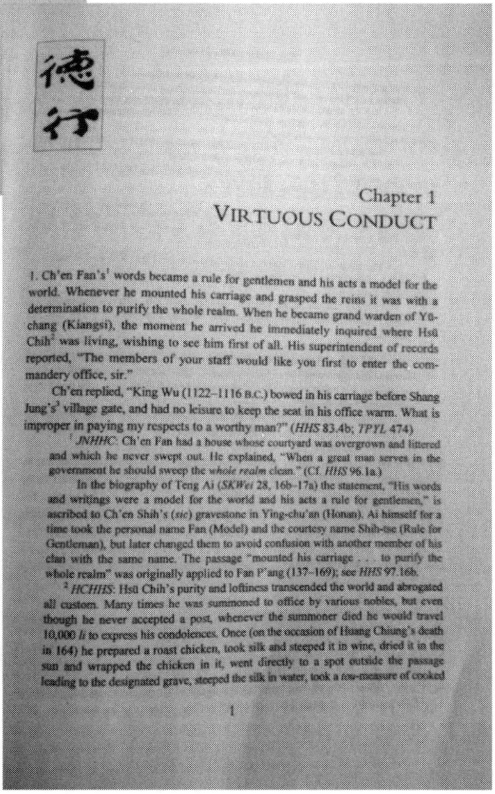
德行

Chapter 1
VIRTUOUS CONDUCT

1. Ch'en Fan's[1] words became a rule for gentlemen and his acts a model for the world. Whenever he mounted his carriage and grasped the reins it was with a determination to purify the whole realm. When he became grand warden of Yü-chang (Kiangsi), the moment he arrived he immediately inquired where Hsü Chih[2] was living, wishing to see him first of all. His superintendent of records reported, "The members of your staff would like you first to enter the commandery office, sir."

Ch'en replied, "King Wu (1122–1116 B.C.) bowed in his carriage before Shang Jung's[3] village gate, and had no leisure to keep the seat in his office warm. What is improper in paying my respects to a worthy man?" (*HHS* 83.4b; *TPYL* 474)

[1] *JNHHC*: Ch'en Fan had a house whose courtyard was overgrown and littered and which he never swept out. He explained, "When a great man serves in the government he should sweep the *whole realm* clean." (Cf. *HHS* 96.1a.)

In the biography of Teng Ai (*SKWei* 28, 16b–17a) the statement, "His words and writings were a model for the world and his acts a rule for gentlemen," is ascribed to Ch'en Shih's (*sic*) gravestone in Ying-chu'an (Honan). Ai himself for a time took the personal name Fan (Model) and the courtesy name Shih-tse (Rule for Gentleman), but later changed them to avoid confusion with another member of his clan with the same name. The passage "mounted his carriage . . . to purify the whole realm" was originally applied to Fan P'ang (137–169); see *HHS* 97.16b.

[2] *HCHHS*: Hsü Chih's purity and loftiness transcended the world and abrogated all custom. Many times he was summoned to office by various nobles, but even though he never accepted a post, whenever the summoner died he would travel 10,000 *li* to express his condolences. Once (on the occasion of Huang Chiung's death in 164) he prepared a roast chicken, took silk and steeped it in wine, dried it in the sun and wrapped the chicken in it, went directly to a spot outside the passage leading to the designated grave, steeped the silk in water, took a *tou*-measure of cooked

1

附录六 《汉魏六朝小说选》英译本第一版封面一、封面二、正文照片

CHINESE CLASSICS

03582

THE MAN
WHO SOLD A GHOST

Chinese Tales of the 3rd-6th Centuries

FOREIGN LANGUAGES PRESS · PEKING · 1958

~~005000~~

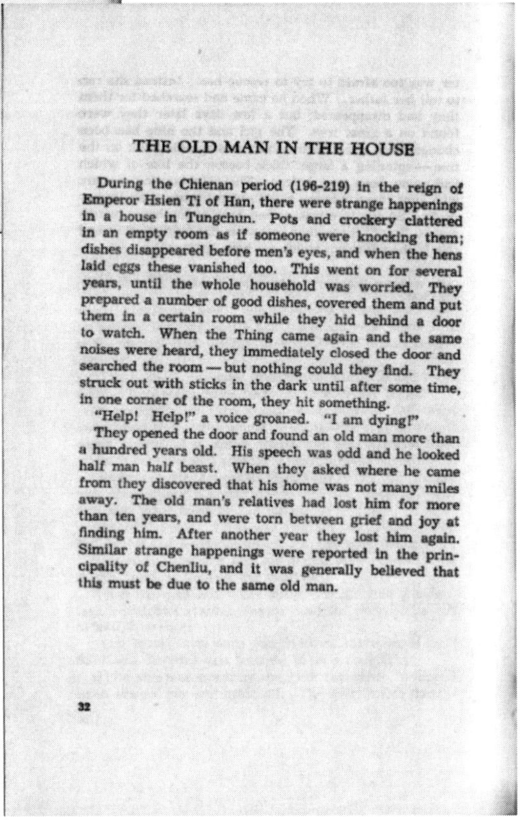

THE OLD MAN IN THE HOUSE

During the Chienan period (196-219) in the reign of Emperor Hsien Ti of Han, there were strange happenings in a house in Tungchun. Pots and crockery clattered in an empty room as if someone were knocking them; dishes disappeared before men's eyes, and when the hens laid eggs these vanished too. This went on for several years, until the whole household was worried. They prepared a number of good dishes, covered them and put them in a certain room while they hid behind a door to watch. When the Thing came again and the same noises were heard, they immediately closed the door and searched the room — but nothing could they find. They struck out with sticks in the dark until after some time, in one corner of the room, they hit something.

"Help! Help!" a voice groaned. "I am dying!"

They opened the door and found an old man more than a hundred years old. His speech was odd and he looked half man half beast. When they asked where he came from they discovered that his home was not many miles away. The old man's relatives had lost him for more than ten years, and were torn between grief and joy at finding him. After another year they lost him again. Similar strange happenings were reported in the principality of Chenliu, and it was generally believed that this must be due to the same old man.

32

附录七 《汉魏六朝小说选》英译本第二版封面一、封面二、正文照片

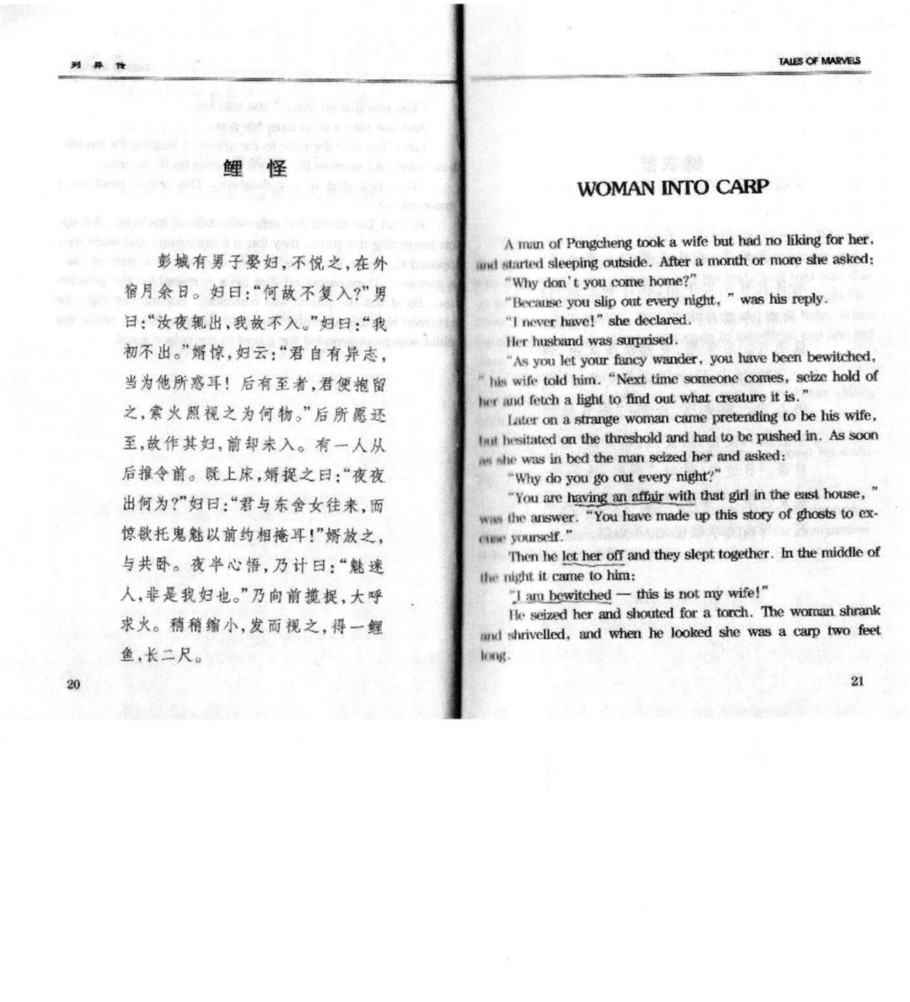

列异传

鲤怪

彭城有男子娶妇，不悦之，在外宿月余日。妇曰："何故不复入？"男曰："汝夜辄出，我故不入。"妇曰："我初不出。"婿惊，妇云："君自有异志，当为他所惑耳！后有至者，君便抱留之，索火照视之为何物。"后所愿还至，故作其妇，前却未入。有一人从后推令前。既上床，婿捉之曰："夜夜出何为？"妇曰："君与东舍女往来，而惊欲托鬼魅以前约相掩耳！"婿放之，与共卧。夜半心悟，乃计曰："魅迷人，非是我妇也。"乃向前揽捉，大呼求火。稍稍缩小，发而视之，得一鲤鱼，长二尺。

20

TALES OF MARVELS

WOMAN INTO CARP

A man of Pengcheng took a wife but had no liking for her, and started sleeping outside. After a month or more she asked:

"Why don't you come home?"

"Because you slip out every night," was his reply.

"I never have!" she declared.

Her husband was surprised.

"As you let your fancy wander, you have been bewitched," his wife told him. "Next time someone comes, seize hold of her and fetch a light to find out what creature it is."

Later on a strange woman came pretending to be his wife, but hesitated on the threshold and had to be pushed in. As soon as she was in bed the man seized her and asked:

"Why do you go out every night?"

"You are having an affair with that girl in the east house," was the answer. "You have made up this story of ghosts to excuse yourself."

Then he let her off and they slept together. In the middle of the night it came to him:

"I am bewitched — this is not my wife!"

He seized her and shouted for a torch. The woman shrank and shrivelled, and when he looked she was a carp two feet long.

21

附录八　马瑞志《世说新语》译文第二版《言语第五十九》"太微"的脚注图片

[1] The celestial enclosure (*yüan*), T'ai-wei, corresponds to the court of the Son of Heaven on earth, hence invasions into it by certain planets were taken to be ominous. See *CS* 11.16a; Ho Peng-yoke, *Astronomical Chapters*, 76. It includes stars in the constellations Virgo and Leo and Coma Berenices and is now centered at about longitude 190°. Taking account of the precession of the equinoxes, it should have been centered at about 165 to 170 at the end of the fourth century, but according to present data appears to have been nearer 160. See Gustave Schlegel, *Uranographie chinoise*, The Hague, 1875. The dates inserted in parentheses in the translation follow the *CYC*, quoted in Liu Chün's Commentary, and *CS* 13.20ab (trans. in Ho Peng-yoke, *Astronomical Chapters*, 214), and accord perfectly with the positions of Mars for these dates calculated by Bryant Tuckerman in his *Planetary, Lunar, and Solar Positions . . . at Five Day and Ten Day Intervals*, Vol. II: *A.D. 2 to A.D. 1649*, Philadelphia, 1964. I am indebted to Nathan Sivin for most of the information in this note. For a chart plotting the course of Mars between November 15, A.D. 371, and May 29, 372, based on Tuckerman's tables, see *Journal of the American Oriental Society* 91.2 (1971): 251.

作者简介

于红，北京师范大学外国语言文学学院翻译学博士，英国曼彻斯特大学翻译与跨文化研究中心访问学者，现任中国石油大学（北京）外国语学院教师，硕士生导师。主要研究方向为典籍翻译、语料库翻译学、语料库建设与应用、翻译技术教学等，曾在《中国翻译》《国际汉学》《西安外国语大学学报》《外语研究》等学术期刊发表多篇翻译与语言研究论文，主持北京市青年英才项目一项，主编或参编多部英语教材，译著一部。